中国近现代史纲要学习指导

第2版

李咏宾　贾友军　主编

中国农业大学出版社
·北京·

内 容 简 介

本书是边疆民族地区高校《中国近现代史纲要》的学习辅助用书，其目的在于为学生课后学习提供帮助，使学生能够更加深刻、全面地掌握中国近现代史纲要的主要内容，学会运用科学理论分析和解决实际问题，为学生参加有关的考试提供更直接、更便捷的服务，也为教师组织考试提供帮助。本书是按专题进行编写的，首先介绍专题的教学目的和学习重点，使学生对专题的主要内容和需要把握的知识点有总体的了解。其次是结合高校课程考试以及研究生入学考试的有关题型设计了测试题。试题包含有关考试的多种题型，包括单项选择题、多项选择题、辨析题、综合问答题和材料分析题，其中在分析题中提供了若干材料，旨在引导学生能够结合所学知识和原理分析材料并回答问题。

图书在版编目(CIP)数据

中国近现代史纲要学习指导/李咏宾，贾友军主编. —2版. —北京：中国农业大学出版社，2015.8(2016.8重印)

ISBN 978-7-5655-1322-0

Ⅰ. ①中… Ⅱ. ①李…②贾… Ⅲ. ①中国历史-近代史-高等学校-教学参考资料 Ⅳ. ①K25

中国版本图书馆CIP数据核字(2015)第160351号

书　　名　中国近现代史纲要学习指导　第2版
作　　者　李咏宾　贾友军　主编

策划编辑　赵　中　董夫才　　**责任编辑**　冯雪梅
封面设计　郑　川　　**责任校对**　王晓凤
出版发行　中国农业大学出版社
社　　址　北京市海淀区圆明园西路2号　　**邮政编码**　100193
电　　话　发行部 010-62818525,8625　　读者服务部 010-62732336
编辑部 010-62732617,2618　　出　版　部 010-62733440
网　　址　http://www.cau.edu.cn/caup　　**e-mail**　cbsszs@cau.edu.cn
经　　销　新华书店
印　　刷　北京时代华都印刷有限公司
版　　次　2015年8月第2版　　2016年8月第3次印刷
规　　格　787×980　16开本　11.5印张　208千字
定　　价　23.00元

编 写 人 员

主　　编　李咏宾　贾友军

副 主 编　裴红娟

编写人员　李咏宾　贾友军　裴红娟

吾布力　伯力海提·司马义

目　录

专题一

近代中国的基本国情

一、教学目的与要求

通过教学使学生对近代中国社会性质、特征、主要矛盾、任务有所了解；对资本-帝国主义对中国的侵略有明确认识。

二、教学内容提要

本专题分为两条主线，一条是帝国主义列强对中国的侵略，另一条是中国人民反抗外来侵略的斗争。曾经创造了璀璨文明的中国，在世界进入资本主义时代之后，各方面越来越落后于时代潮流。自 1840 年起，在西方列强的侵略扩张下，加上封建政权的腐败无能、妥协投降，中国国家主权不断沦丧，经济上逐步成为世界资本主义的附庸，到 20 世纪初，已完全成为一个半殖民地半封建社会。这就使得争取国家独立、反对中外势力的反动统治成为中华民族最为紧迫的课题。从 1840—1919 年的 80 年间，外国列强发动了五次大规模的侵华战争（第一次鸦片战争、第二次鸦片战争、中法战争、中日甲午战争和八国联军侵华战争），把中国由一个主权完整的封建社会，逐步沦为一个半殖民地半封建社会。中国的大片领土被割让，主权丧失，中国人民陷入深重苦难。总之，外国资本主义对中国的侵略与掠夺，是近代中国贫穷落后的总根源。

三、重点问题解析

（一）如何看待资本-帝国主义入侵中国在一定程度上“充当了历史不自觉的工具”？（关于殖民主义“双重使命”的理论问题）

有人曾说：“鸦片战争一声炮响，给中国带来了近代文明”，也有人说：“殖民主义在世界范围内推动了现代化进程”，还有人甚至说：“没有西方的殖民侵略，东方将永远沉沦”。这些人往往还以马克思论述英国在印度的殖民统治“充当了历史的不自觉的工具”和殖民主义具有“双重使命”的提法，作为自己的理论根据。那么如何用理论与历史统一的方法去看待这个历史问题？怎样正确理解马克思关于殖民主义具有“双重使命”的论断呢？首先让我们回顾一下殖民主义的历史。15 世纪，西方冒险家远渡重洋的环球旅行和随之而来的征服、掠夺，揭开了近代殖民扩张的序幕，宣告了殖民主义的产生。在资本原始积累时期，殖民主义者主要是通过海盗式的土地、财物掠夺，欺诈性的贸易和奴隶贩卖等方式，从美洲、非洲、亚洲、大洋洲的许多国家和地区攫取巨额财富。而在西方实现工业革命以后，由于资产阶级要求更广阔的国外市场和原料供应地，推动了西方列强向世界急剧扩张，殖民主义世界体系开始形成。在资本主义制度确立之后，殖民主义者运用各种手段对一些国家和地区进行了军事、政治、经济、文化等方面的侵略，使它们在不同程度上沦为列强的殖民地和半殖民地，成为其垄断的商品倾销市场、原料供应基地和投资场所。而在 19 世纪末西方资本主义国家进入帝国主义阶段以后，资本输出成为殖民剥削的重要形式，瓜分世界的狂潮出现，殖民主义进一步发展成为一个由少数帝国主义强国主宰世界的更完整的体系。可见，殖民主义的历史就是一部资本-帝国主义侵略和掠夺、压迫包括印度和中国在内的广大殖民地、半殖民地国家的“血与火的历史”。马克思在《不列颠在印度的统治》一文中谈到殖民主义充当了“历史的不自觉的工具。”他说：“的确，英国在印度斯坦造成社会革命完全是受极卑鄙的利益所驱使，而且谋取这些利益的方式也很愚蠢。……它造成这个革命毕竟是充当了历史的不自觉的工具”。马克思在《不列颠在印度统治的未来结果》一文中则谈到了殖民主义的“双重使命”。他说：“英国在印度要完成双重的使命：一个是破坏的使命，即消灭旧的亚洲式的社会；另一个是重建的使命，即在亚洲为西方式的社会奠定物质基础。”马克思在这篇文章中还指出：“英国资产阶级将被迫在印度实行的一切，既不会使人民群众得到解放，也不会根本改善他们的社会状况，因为这两者不仅仅决定于生产力的发展，而且还决定于生产力是否归人民所有。但是，有一点他们是一定能够做到的，这就是为这两者创造物质前提。难道资产阶级做过更多的事情吗？难道它不使个人和整个民族遭受流血与污秽、蒙受苦难与屈辱就实现过什么进步吗？”

第一，从主观动机与客观效果关系的角度。英国侵略印度的目的是把印度变成其殖民地，而英国发动鸦片战争和资本-帝国主义列强侵略中国的主观动机也是要掠夺、压迫中国，企图把中国变成其殖民地或半殖民地，这完全是由他们“极卑鄙的利益所驱使的”，而绝不是为了给中国带来“近代文明”，帮助中国变成独立富强的现代化国家。但是同时，我们也应该承认它在实现其利益和目的的过程中不得不带来的客观效果，如瓦解中国的封建自然经济，把中国卷入世界市场和世界资本主义经济体系，传播了西方资本主义生产方式和物质文明，并客观上为中国资本主义的发展和中国资产阶级、无产阶级、新型知识分子的产生创造了物质前提。这就是马克思所说的殖民主义充当了"历史的不自觉的工具"，并具有破坏性和建设性的"双重使命"。

第二，从正义和非正义、是非善恶的道德判断角度。英国发动鸦片战争以及资本-帝国主义列强侵略中国是非正义的。它们向中国走私毒品鸦片，贩卖人口，发动战争，运用各种手段掠夺、屠杀、压迫、剥削中国人民，这些都是极其野蛮的、可耻的、不道德的罪行。马克思在著作中愤怒揭露和谴责了殖民主义的这些侵略罪行。因此决不能因其有"双重使命"的客观效果而替资本-帝国主义侵略辩护、美化甚至评功摆好。

第三，从生产力与生产关系的角度。即使殖民主义有所谓的"建设性使命"，为中国资本主义创造了物质前提，但这也使中国人民付出了极大牺牲和痛苦的代价，使中华民族遭受了"流血与污秽"，蒙受了"苦难与屈辱"。帝国主义的侵略正是近代中国落后贫困的根源，也是中国实现独立、民主、富强和现代化的最大障碍。资本-帝国主义为了其自身利益，在把西方资本主义生产方式传入中国的同时，又有意保留中国的封建生产关系，扶植中国封建势力，阻碍中国民族资本主义的发展，并使中国走上半殖民地经济畸形发展的道路。更重要的是中国采用资本主义生产方式和物质文明所产生的成果和利益，绝大多数中国人民是享受不到的。正如马克思指出的因为这"不仅仅决定于生产力的发展，而且还决定于生产力是否归人民所有。"因此，中国人民必须首先通过革命推翻帝国主义和封建主义的统治，争取独立和民主，否则是不可能真正实现中国的富强和现代化的。

(二)为什么中国走不出漫长的封建社会?

中国封建社会长盛不衰的原因可以从以下几个方面去考察：

第一，中国封建社会经济结构的坚韧性。中国封建社会的根基是地主阶级土地私有制，其经济结构是自给自足的小农经济。地主阶级土地私有制与自给自足小农经济长期保持着动态的平衡趋势，为中国封建社会的长期延续提供了经济基础。在西欧，封建社会经济是以城乡对立态势的存在而出现的，而在中国城市商品经济与小农经济长期共存发展，二者之间并无尖锐的矛盾。农民可以从事商业活动，商人也可以拥有土地。这些预示着新的生产关系在中国社会的兴起将是非常难的。

第二，土地的自由买卖。中国封建地主私有制是伴随着自由买卖制度而兴起发展的，是小农经济和土地私有制赖以长期存在的温床。在中国，由于盛行土地资源买卖制度，地主、商人和高利贷者共同分享土地权和货币权，基本不存在土地权和货币权的对立。中国封建社会政权和地主土地私有制在城乡均有较为稳固的社会基础和统治力量，再次预示新的生产关系兴起的发展之不易，以及中国民主革命的症结所在。由于中国幅员辽阔，各地区之间政治经济文化发展不平衡，所以，封建生产方式在中国相当广阔的地区尚有发展的余地。

第三，中国封建意识形态的稳定性。中国封建意识形态的核心是“三纲”，即所谓的“君为臣纲，夫为妻纲，父为子纲”。在这种封建意识形态的支配下，中央集权的专制制度被视为天经地义。即使农民起义推翻了旧的王朝，也不可避免地建立新的封建统治秩序，重构传统的封建意识形态。

（三）资本帝国主义入侵对近代中国社会的影响

鸦片战争以后，西方列强侵入中国，是帮助中国实现资本主义近代化，还是使中国陷入半殖民地化、殖民地化？也就是说，西方列强究竟给中国带来了什么？西方资本帝国主义的入侵，对中国社会产生了巨大的影响。它破坏了中国封建社会的自给自足的自然经济基础，从而促进了商品经济的发展。外国资产阶级为了倾销商品和掠夺原料，为了扩大和维护侵略权益，以及为了满足生活上的需要，也兴办了一些近代工业和设施。但是，不能由此而去赞颂殖民征服，证明侵略有理有功，抹杀他们的行为本质都是为了侵略和掠夺的需要。马克思在论述英国在印度的殖民统治时，曾经说过英国在印度造成社会革命，“充当了历史的不自觉的工具”，有人即以此来作为赞颂殖民主义的依据。事实上，这违背了马克思的原意。马克思对英国在印度的殖民统治，是给予严厉谴责的。他说：“当我们把目光从资产阶级文明的故乡转向殖民地的时候，资产阶级文明的极端伪善和它的野蛮本性就赤裸裸地呈现在我们面前。”马克思还明白无误地指出：“他们（英国人）在印度进行统治的历史，除破坏以外很难说还有别的什么内容”，“印度人失掉了他们的旧世界而没有获得一个新世界，这就使他们现在所遭受的灾难具有一种特殊的悲惨色彩，使不列颠统治下的印度斯坦同它的一切古老传统，同它过去的全部历史，断绝了联系”。马克思虽然肯定英国为了掠夺的需要，在印度修筑铁路，举办工业，发展了资本主义生产，但是，他紧接着明确指出：“在大不列颠本国现在的统治阶级还没有被工业无产阶级取代以前，或者在印度人自己还没有强大到能够完全摆脱英国的枷锁以前，印度人是不会收获到不列颠资产阶级在他们中间播下的新的社会因素所结的果实的”；“英国资产阶级将被迫在印度实行的一切，既不会使人民群众得到解放，也不会根本改善他们的社会状况，因为这两者不仅仅决定于生产力的发展，而且还决定于生产力是否归人民所有”。这就是说，英国虽然在印度播下“新的社会因素”，但更重要的是带给印度人以灾难和枷锁。英国资产阶级只能是在印度实行殖民化，不可能帮助印度实现资本主义现代化。印度的复兴只有靠印度自己，只有在摆脱了英国殖民统治之后，只有在生产力归人民所有之后，才有可能实现国家的强盛。马克思对英国统治印度论断的基本精神，同样适用于资本-帝国主义入侵与近代中国社会的关系问题。

第一，在资本帝国主义的侵略下，近代中国的国家主权和领土完整受到侵害，中国由一个主权独立国家一步一步沦为一个半殖民地国家。众所周知，近现代国际关系的基本准则是尊重各国的主权和领土完整。从第一次鸦片战争英国迫使和诱使清朝政府签订《南京条约》开始，经过一系列帝国主义侵略战争，中国的司法、海关、领土、关税等一系列主权遭到破坏，到 1901 年清政府与列强签订《辛丑条约》，中国从一个主权独立的封建国家完全沦为半殖民地半封建国家，帝国主义控制和操纵了中国的政治、财政、金融和贸易。

先来看看近代中国领土主权遭践踏的情况。从英国割占香港开始，接着是葡萄牙强占澳门，沙皇侵吞我国东北、西北 150 多万千米^2 的领土（相当于 3 个法国或 12 个捷克斯洛伐克）。甲午战争后，日本又占领了我国台湾和澎湖列岛。同时，威海卫、旅顺、大连、广州等地也都成为帝国主义列强的租借地。除了直接强占和“租借”外，帝国主义还以“势力范围”、通商口岸、贸易区、领事馆区等形式瓜分中国的领土。19 世纪末，中国的广大地区被帝国主义以种种形式瓜分豆剖，弄得四分五裂、支离破碎！其次，帝国主义通过一系列不平等条约和其他手段，夺得了在中国的“关税协定权”、“沿海贸易权”、“领事裁判权”、“内河航行权”、“铁道管理权”、“矿山开采权”、“传教权”等一系列特权。这样他们就可以在中国的土地上、天空中和海洋里，不受中国法律制约而横行无阻。帝国主义还可以随意调遣中国军队、警察，可以随意指定中国省份的总督，干预中国行政机构的设置，从而拥有了中国内政的“最后决定权”。外国公使还可以充当中国使团的正副团长，率中国代表团出国访问，代表清政府向别国呈送国书，签订不平等条约。中国的主权丧失殆尽。

另外，帝国主义在历次战争中还大规模地屠杀中国人民，给中国人民造成了无穷的灾难。1900 年八国联军烧杀抢掠，将 5 万多人的塘沽变成空无一人的废墟，使拥有 100 万人的天津在烧杀之后仅存 10 万人。甲午战争中，日本对旅顺进行了四天的大屠杀，最后仅剩下 36 人掩埋尸骨。1937 年日本帝国主义开始发动全面侵华战争，大肆屠杀无辜的中国百姓，其中骇人听闻的南京大屠杀，6 周就杀害 30 多万人。中国人民在自己的土地上受尽了帝国主义的凌侮、歧视、迫害，被称为“东亚病夫”，在帝国主义所办的某些“慈善医院里”，中国人被当作鼠兔一样的动物，任他们宰杀,做试验。

第二,资本帝国主义的入侵,阻碍了中国民族资本主义的发展。鸦片战争到新中国成立,长达109年,从中国新式企业出现算起,也有七八十年,这期间中国的资本主义始终没有得到顺利发展。这不仅因为帝国主义不允许中国充分发展资本主义、实现近代化,成为它们在国际市场上的竞争对手,而且中国在半殖民地、殖民地条件下,也不会有足够的资金用来发展新式工业。因为这些资金都进了外国侵略者的腰包。仅赔款一项,自鸦片战争至清王朝覆亡,就将近13亿两白银,比甲午战争前的1885—1894年10年间清政府的财政收入总和还多4亿两。如果用这些赔款来办企业,洋务派最大的近代军工企业江南制造总局,可办2 400家,洋务派最大的民用企业汉阳铁厂,也可办220多家。帝国主义的烧杀破坏、掠夺盗窃以及贸易中的不等价交换等,给中国造成的经济损失,更是无法估算。如此巨大的财富源源不断地流入帝国主义的腰包,中国还有多少资金可用来发展资本主义、实现近代化呢? 西方列强依仗不平等条约取得的特权,在中国经营了许多企业,不断扩大外资在华的势力。据统计,外国在华资本总额的比重:1894年为60.7%,1913年为80.3%,1920年为70.4%,1936年为78.4%。很明显,外国在华资本在中国占有明显的优势。另外,在中国较小的资本份额中,官僚资本逐渐压倒民族资本,民族资本在中国资本总额中所占的比重是十分微弱的。中国民族资本在外国资本的压迫摧残下,无力与之抗衡,许多民族工业纷纷破产或被兼并。例如,被认为中国自己经营最成功的开平煤矿,就在中外合办的名义下,被英国资本加以吞并。轻工业中的棉纺织业是发展较迅速的,但在1918—1927年,因欠帝国主义债务无力偿还而被拍卖、被吞并的中国纱厂就有7家。20世纪30年代,上海纱厂资本家发出这样的疑问:"究竟中国纱厂的致命伤是什么?"他们自己回答道:"痛痛快快地说,中国纱厂的唯一致命伤,在于帝国主义对中国的压迫。""中国纱厂一业的复兴与繁荣,必然在现状变化以后。"抗日战争、解放战争期间,中国民族资本主义工业在日、美等帝国主义势力和官僚资本的压迫下,命运更为悲惨,处于风雨飘摇之中。

据统计,近代工业在工农业总产值中所占的比重,1920年为4.9%,1936年为10.8%,1949年为17%。这个数字表明,中国资本主义的发展是很缓慢的,在从鸦片战争到中华人民共和国成立的109年里,我国才积累了17%的近代工业经济,而农业和手工业经济占了83%。小农经济如同汪洋大海,而近代工业只不过是这个大海中的几座孤岛。毛泽东同志深刻指出:"这是帝国主义制度和封建制度压迫中国的结果,这是旧中国半殖民地和半封建社会性质在经济上的表现。"

第三,帝国主义的坚船利炮,震惊了先进的中国人,迫使他们睁开眼睛看世界,开始了向西方国家寻求真理的艰难历程。西方以历算为代表的科学技术知识,在

16 世纪末的明朝便已随传教士东来而传入中国，并引起中国士大夫的兴趣和重视。明清之际出现了翻译、出版、学习西方科学文化书籍的第一次热潮。但当时初起的西方资本主义，并没有构成对中国的直接威胁，中国的历史仍旧沿着原来的道路在运转。士大夫们学习西方的科学技术知识，只是怀着一种求知的渴望，还感受不到它同国家命运的联系。所以康熙的一纸诏书，便中断了这种中西文化来往。士大夫们钻进了中国的古书堆，官僚吏员们则只知搜刮民脂民膏。到了鸦片战争前夕，中国的封建统治者由于闭塞已久，对于国外的情况一无所知，若疑若昧，似有似无，“徒知侈张中华，未睹寰瀛之大”。等到鸦片战争爆发，清朝政府失败，割地赔款，中国历史开数千年未有之“变局”，才惊醒了他们中的开明人士。他们总结鸦片战争失败的一个根本原因，是对“敌情”、“劣势”毫不了解。林则徐、魏源等开始睁开眼睛看世界，初步了解外国现状以后，发出了“师夷长技以制夷”的呼声。

但 19 世纪 40 年代发出的“师夷长技以制夷”的呼声，并未引起实际反响。清朝统治集团仍旧冥顽不化。直到 20 年后，才由洋务派创办的军事工业和民用工业，把他们的呼声付诸实施。洋务派还开设了最初的外语、科技学校，派遣了中国第一批留美、留欧学生，翻译了大量科技书籍等，从而为中国人进一步了解世界创造了条件。但洋务派作为地主阶级的改革派，向西方学习的只能是军、工、器艺，以求挽救垂死的封建统治。他们根本不了解世界的大势和资本主义国家富强的真正原因。

“吾国四千年大梦之唤醒，实自甲午战败，割台湾，赔二百兆以后始也。”这个大梦已醒的标志便是维新运动。之所以说大梦已醒，是因为维新派的目标不再是对封建制度的补缀改良，而是要求根本改造中国，变半封建半殖民地的中国为独立的资本主义中国。维新运动是一场范围广泛的中国资产阶级的启蒙运动，他们建学会，设学堂，各种新式报刊如雨后春笋，猛烈地批判封建主义的旧文化，鼓吹资产阶级的新文化，形成举国上下“家家言时务，人人谈西学”的壮观，使得人类进化的思想深入人心，“物竞天择，适者生存”，独立自由，平等民权等观念为多数求生存、求进步的中国人所接受，人们开始从封建专制的禁锢中获得了一次大的思想解放。维新运动虽然失败了，但从根本上改造中国的思想已经深入民心，中国历史前进的步伐大大加快。从此以后，先进的中国人所考虑的只是以什么手段，通过什么道路来改造中国的问题了。

辛亥革命以革命手段推翻了清王朝，结束了几千年来的封建专制统治，创建了中华民国。中国人向西方资本主义学习，可以说达到了最高峰。但辛亥革命并没有使中国获得真正的独立和富强。最后是中国人经过实践的反复比较，从外国传进来的各种主义中，选择了反对资本主义的马克思主义作为思想武器，在中国共产党的领导下，把马克思主义和中国社会实际结合起来，发动广大群众，团结各种力量，进行新民主主义革命，才使得中国真正独立，并且走上社会主义道路。

从这个角度看，鸦片战争打开了中国的大门，震醒了中国人，迫使他们睁开眼睛看世界，寻找各种救国救民的真理，以反抗帝国主义侵略压迫和国内封建专制统治，最终找到了反对资本主义的马克思主义，结合中国实际，走上独立发展的社会主义道路，才挽救了中国。外国资本主义在这里也起到了历史的不自觉的工具的作用。这就是历史的辩证法。

四、强化训练与参考答案

(一) 单项选择题

1. 6 月 26 日是国际禁毒日，我国政府往往在 6 月 3 日开始禁毒宣传月活动。它与下列哪一历史事件有着直接的关系(　　)

A. 虎门销烟　　B. 鸦片战争

C. 第二次鸦片战争　　D. 太平天国运动

2. 下列有关林则徐的评价，不正确的是(　　)

A. 是近代中国地主阶级政治家　　B. 是领导禁烟的民族英雄

C. 是近代中国“开眼看世界”的第一人　　D.“师夷长技”是为了维护人民利益

3. 下列关于《南京条约》内容的表述中，不准确的是(　　)

A. 割香港岛给英国

B. 赔款白银 2100 万两

C. 开放广州、厦门、泉州、宁波、上海五处为通商口岸

D. 英商进出品货物应缴纳的税款，中国须同英国商定

4. 英国通过《虎门条约》取得了“片面最惠国待遇”，这意味着(　　)

A. 英国取得了在中国东南沿海通商口岸进行贸易的特权

B. 其他列强从中国攫取的各项特权，英国可以援例享有

C. 英国取得了独占中国内地市场的贸易特权

D. 英国取得了与中国共同商定中国关税税率的特权

5. 雨果曾愤怒地谴责道：“两个强盗走向圆明园，一个抢了东西，一个放了火……”这两个强盗是(　　)

A. 英国和法国　　B. 英国和美国

C. 美国和俄国　　D. 法国和俄国

6. 中外反动势力联合镇压中国人民的反抗斗争开始于(　　)

A. 太平天国运动　　B. 义和团运动

C. 辛亥革命　　D. 国民革命

7. 清政府基本完成了从传统的藩篱向近代外交转化的标志是(　　)

A. 洋务运动的兴起　　B. 洋人控制了中国海关

C. 总理衙门的设立　　D. 清政府"新政"的出台

8. 19 世纪 60 年代,中国社会重要的变化不包括(　　)

A. 社会经济日益陷入资本主义世界市场

B. 新的资本主义生产方式开始产生

C. 清朝中央机构开始半殖民地化

D. 汉族官僚开始掌握清朝中央军权

9. 近代中国海关管理权落入外国人手中,始于(　　)

A. 中日《马关条约》的签订　　B. 海关总税务司的设置

C. 关税协定权的确定　　D. 英德借款合同的签订

10. 第二次鸦片战争是第一次鸦片战争的继续,主要是因为(　　)

A. 背景相同　　B. 目的和性质相同

C. 方式相同　　D. 发动战争的国家相同

11. 指挥镇南关大捷的清军将领是(　　)

A. 刘铭传　　B. 冯子材　　C. 邓世昌　　D. 聂士诚

12.《马关条约》最能体现列强对华侵略进入新阶段的内容是(　　)

A. 赔款数额巨大　　B. 增开的通商口岸深入内地

C. 开辟运输新航线　　D. 允许日本在通商口岸投资设厂

13. 甲午战争后,清政府放宽对民间设厂的限制,其目的是(　　)

A. 扩大税源,摆脱财政危机

B. 解决洋务派企业在资金、原料方面的困难

C. 缓和与民族资产阶级的矛盾

D. 抵制帝国主义国家对中国进行的商品输出

14. 1899 年,哪国提出"门户开放"政策,使其势力在中国一天天扩大(　　)

A. 俄国　　B. 日本　　C. 德国　　D. 美国

15. 在 19 世纪末帝国主义瓜分中国的狂潮中,被德国划分为其势力范围的是(　　)

A. 长江流域　　B. 胶东半岛

C. 长城以北　　D. 福建

(二)多项选择题

1. 下列表述符合鸦片战争前中国社会状况的是( )
A. 皇帝政治统治的特点是以不变应万变
B. 资本主义萌芽的发展改变了传统经济结构
C. 在中英正当贸易中,中国处于入超地位
D. 科举考试沿袭八股取士的旧习

2. 鸦片战争对中国经济产生的主要影响包括( )
A. 清政府被迫大借外债
B. 东南数省手工棉纺织业受到很大冲击
C. “银贵钱贱”的现象消失
D. 中国出现第一批新式船坞和工厂

3. 1856年,英、法侵略者为了寻找借口发动新的侵略战争,分别制造的事端是( )
A. 马神甫事件 B. 南昌教案
C. 亚罗号事件 D. 天津教案

4. 第二次鸦片战争中英、中法签订的《天津条约》的内容有( )
A. 公使常驻北京 B. 准许英法招募华工出国
C. 外国商船可在长江各口岸往来
D. 废除公行制度

5. 英国殖民主义者迫使清政府签订的有关香港问题的不平等条约有( )
A.《南京条约》 B.《虎门条约》 C.《天津条约》
D.《北京条约》 E.《展拓香港界址专条》

6. 通过两次鸦片战争,英国殖民者除强占香港外,在中国攫取的权益还有( )
A. 协定关税 B. 投资设厂 C. 设置租界
D. 驻扎军队 E. 领事裁判权

7. 甲午战争爆发的背景是( )
A. 日本制定了以侵略中国为中心的“大陆政策”
B. 日本侵略行径得到西方列强的支持
C. 日本趁朝鲜爆发东学党起义派兵侵朝
D. 清政府不认真备战,只是寄希望于各国的“调停”

8. 甲午战争后干涉还辽的国家有( )
A. 美国 B. 俄国 C. 法国 D. 德国

9. 19世纪末帝国主义向中国输出资本的主要方式有( )
A. 向清政府进行政治贷款 B. 争夺中国铁路投资权

C. 倾销过剩的商品。　　　　D. 在华开设工厂

10. 甲午中日战争后，列强竞相对清政府贷款是为了(　　)

A. 攫取高额回扣和利息　　　　B. 长期把持中国海关

C. 进一步控制中国经济命脉　　D. 扩大在华政治势力

11. 第二次鸦片战争和八国联军侵华战争的类似之处有(　　)

A. 两国或两国以上列强策划，组成联军

B. 皇帝出逃，侵略者入侵北京，烧杀抢掠

C. 镇压中国人民的抗击活动

D. 签订不平等条约，攫取权益

12. 那拉氏在允签《辛丑条约》上谕中说："今兹和约不侵我土地，不掠我人民，念友邦之见谅，疾愚暴之无知。"该条约"不侵我土地，不掠我人民"的原因主要是(　　)

A. 列强已将中国领土瓜分完毕

B. 义和团运动粉碎了列强瓜分中国的迷梦

C. 清政府已变成列强在中国的侵略工具

D. 中外反动势力的矛盾彻底消除

13. 1852 年英国驻广州代办密切尔惊异地说："经过和这么一个开放 10 年之久且已废除了独立制度而又拥有如此庞大人口的中国的贸易，而它消费我们的商品竟不及荷兰的一半……，这好像是一个奇怪的结局。"出现这一结局的原因是(　　)

A. 清政府继续坚持闭关锁国

B. 中国传统的自然经济的顽强抵制作用

C. 英国商品的销售只限于东南沿海的少数地区

D. 鸦片输入的骤增在一定程度上削弱了中国人购买外国商品的能力

14. 20 世纪初清政府实行"新政"的结果是(　　)

A. 消除了统治阶级内部的矛盾　　　B. 引起了立宪派的分化

C. 清政府仍处于困境之中　　　　　D. 增加了人民的捐税负担

15. 20 世纪中国人民在前进道路上经历的三次历史性巨变是(　　)

A. 洪秀全领导的太平天国农民革命

B. 康有为领导的戊戌变法

C. 孙中山领导的辛亥革命

D. 毛泽东领导建立中华人民共和国和社会主义制度

E. 邓小平领导改革开放和社会主义现代化的全面推进

（三）辨析题

1.西方殖民主义势力来到东方，是为了使东方国家成为独立的资本主义社会。

2.近代中国是一个半殖民地半封建社会，近代中国的所有地区，在所有时期都是半殖民地。

3.近代中国社会的主要矛盾是帝国主义和中华民族的矛盾。

4.帝国主义列强并没有能够实现瓜分中国的图谋，这缘于帝国主义列强之间的矛盾和互相制约。

5.经济技术落后的中国不可能取得反侵略战争的胜利。

（四）综合问答题

1.试论第一次鸦片战争对中国社会的重大影响。

2.19世纪末，清政府向帝国主义国家借款与当今引进外资有什么实质区别？结合当今社会现状认识19世纪末，美国“门户开放”和当今中国对外开放之间的不同点，并就此谈谈你的认识。

3.从鸦片战争到19世纪末20世纪初，清政府与西方列强之间的关系呈现出怎样的特征？分析这些变化的原因和影响。

4.为什么说鸦片战争是中国近代史的起点？

5.怎样认识近代中国社会的主要矛盾、社会性质及其基本特征？

6.帝国主义的入侵究竟给中国带来了什么？

7.中国近代历次反侵略战争失败的根本原因和教训是什么？

（五）材料题

1. 阅读下列材料回答问题

材料1：该督（李鸿章）身膺疆寄数十年，其昔日攻粤捻诸逆，以洋人得功；遂终身以洋人为可师，而不知改变，从前法人滋事，该督彷徨无策，幸而不北来，得以无事。当其时该督谓无海军，以致不能出海，于是创办海军，糜帑千数百万，而至今不能一战。是李鸿章之贻误大局者。——余联沅《疆臣贻误大局历陈危急情形折》（1894年8月）

材料2：倭人近十年来，一意治兵，专师西法，倾其国帑，购置船械，愈出愈精。中国限于财力，拘于部议，未能撒手举办，遂觉相形见绌。海军快船快炮太少，仅足守口，实难纵令海战。——李鸿章《据实陈奏军情折》

材料3：1894年11月22日，我（田贝）与总督晤谈一次。我问他们是否还能够支持这个战争，他们说他们不能够了。我说：“你们有兵士二万五千人在北京没有事做。”他们答称;“那些兵不能够打仗,中国军队的目的不是作战,而只是威吓老百姓。”我于是说:“假如确信再战没有好处的话,应当议和。”他们说,自然他们希望议和,但是由于不能和日本通信,他们怎么能办到呢?我回答说:“假若授权给我,我可以经由我方驻东京公使……进行商谈。”他们高兴了,请求人立即照办。——英国驻华公使田贝论中日战争

请回答:

(1)材料1表明余联沅在对日作战问题上态度怎样?他为何指责李鸿章?理由是否属实?

(2)材料2中,李鸿章在对中日双方力量对比之后所得出的结论上,表现出一种怎样的作战倾向?他认为中国海军同日本相比“相形见绌”的原因是什么?其真实意图何在?

(3)材料3中,清政府总署官员对中国军队作用的讲话,说明了什么根本问题?

(4)根据材料1、2、3,分析总结甲午中日战争清政府的失败的主要原因。

2. 阅读下列材料

材料1:至外洋夷船出口货物应纳税银,令受货洋行商人于夷船回帆时输纳。到外洋夷船出口货物应纳之税,洋行保商为夷商代置货物时随货扣清,先行纳定。——《粤海关志》

材料2:英国商民居住通商广州等五处,应纳进口、出口货物税,均宜秉公议定。则例由部颁晓示,以便英商按例交纳。——《南京条约》

材料3:若将来大皇帝有新恩施及各国,应准英人一体均沾。——《虎门条约》

(1)结合材料1和材料2分析,在两个文件中纳税办法有什么区别?说明什么?

(2)材料3习惯上称什么?对中国有何影响?

参考答案

(一) 单项选择题

1.A　2.D　3.C　4.B　5.A　6.A　7.C　8.D
9.B　10.B　11.B　12.D　13.A　14.D　15.B

（二）多项选择题

1. CD　2. BD　3. AC　4. AC　5. ADE
6. ACE　7. ABCD　8. BCD　9. ABD　10. ABCD
11. ABCD　12. BC　13. BCD　14. CD　15. CDE

（三）辨析题

1. 西方殖民主义势力来到东方，是为了使东方国家成为独立的资本主义社会。
参考答案：错误。殖民主义是适应西方资本主义的发展要求而产生的，它随着资本主义生产方式的演进而发展，是西方强国对亚洲、非洲、美洲、大洋洲等地区人民的剥削、掠夺和压迫、奴役。它是为资产阶级剥削国内外人民、建立资本主义的世界体系服务的。西方殖民主义势力来到东方，并不是为了使东方国家成为独立的资本主义社会，而是为了把他们纳入资本主义的世界体系，成为殖民地、半殖民地，成为自己在经济上、政治上的附庸。

2. 近代中国是一个半殖民地半封建社会，近代中国的所有地区，在所有时期都是半殖民地。
参考答案：错误。近代中国是一个半殖民地半封建社会，这是近代中国的基本国情。但由此推出“近代中国的所有地区，在所有时期都是半殖民地”是错误的。鸦片战争以后，中国进入近代社会。随着列强的侵略，中国的主权一步步沦丧，完全丧失了独立的地位，在相当程度上被殖民地化了。但由于中国人民的抗争，中国仍然维持着独立国家和政府的名义，还有一定的主权。同时，外国资本主义列强用武力打开中国的门户，把中国卷入了世界资本主义经济体系和世界市场之中。中国出现了资本主义生产关系，中国已经不是完全的封建社会了。但在中国农村中，封建的生产关系在社会经济生活中依然占着显著的优势。这样，中国的经济既不再是完全的封建经济，也不是完全的资本主义经济，而成为半殖民地半封建的经济了。所以说，近代中国是一个半殖民地半封建社会。中国半殖民地半封建社会及其特征，是随着资本-帝国主义侵略的扩大，资本-帝国主义与中国封建势力结合的加深而逐渐形成的。它有一个演变的过程，而且在不同历史阶段和不同地区有所差别。在某些时期，中国的某些地区甚至沦为帝国主义直接统治的殖民地，如香港、台湾和“九一八”事变之后的东北就是这种情况。而在新民主主义革命时期中国共产党建立的革命根据地则是新民主主义性质的社会。因此说近代中国所有地区所有时期都是半殖民地是不准确的。

3. 近代中国社会的主要矛盾是帝国主义和中华民族的矛盾。

参考答案:这种表述不准确。近代中国半殖民地半封建社会的矛盾,呈现出错综复杂的状况。其中有:中华民族与资本-帝国主义的矛盾,农民与地主阶级的矛盾,资产阶级与地主阶级的矛盾,无产阶级与资产阶级的矛盾,封建统治阶级内部各集团派系的矛盾,各帝国主义国家在中国争夺的矛盾,等等。在这些社会矛盾中,占支配地位的主要矛盾,是帝国主义和中华民族的矛盾、封建主义和人民大众的矛盾。帝国主义和中华民族的矛盾是近代中国社会最主要的矛盾,但这对矛盾和封建主义和人民大众的矛盾是交织在一起的。帝国主义勾结、扶植封建势力作为它们统治中国的支柱。除了帝国主义割占的地区和直接管理的租界、租借地以外,它们主要是通过中国政府当局和各地的官僚、军阀来统治中国人民。

4. 帝国主义列强并没有能够实现瓜分中国的图谋,这缘于帝国主义列强之间的矛盾和互相制约。

参考答案:帝国主义列强之间的矛盾和互相制约,是列强并没能实现瓜分中国图谋的一个重要原因。但列强之间的矛盾和妥协,并不是瓜分中国的阴谋破产的根本原因。因为帝国主义列强在世界各地争夺殖民地时,都存在着利害冲突,它们在瓜分非洲和东南亚时,都是如此。它们或者通过协商,或者直接采取战争的手段,还是把非洲、东南亚地区等瓜分了。帝国主义列强不能灭亡和瓜分中国,最根本的原因,是中华民族进行的不屈不挠的反侵略斗争。

5. 经济技术落后的中国不可能取得反侵略战争的胜利。

参考答案:错误。经济技术落后是中国反侵略战争失败的重要原因,但经济技术落后并不意味着在战争中一定打败仗。因为“武器是战争的重要的因素,但不是决定的因素。决定的因素是人不是物”。中国的反侵略战争一再失败,不仅仅因为武器装备的落后,更由于统治阶级实行错误的方针、政策,并压制人民群众的反侵略斗争,即社会制度腐败。

(四)综合问答题

1. 试论第一次鸦片战争对中国社会的重大影响。

答:1840 年的鸦片战争,是中国由封建社会逐渐沦为半殖民地半封建社会的一个历史转折点。它使中国社会性质开始发生根本的变化。鸦片战争前,中国在政治上是一个独立自主统一的国家;战后,中国的领土开始被割裂,主权的完整遭到破坏,中国已经丧失独立自主的地位。鸦片战争前,中国在经济上是自给自足的自然经济占统治地位的国家;战后,西方资本主义国家不断向中国倾销商品，掠夺原料，逐渐破坏了中国自给自足的自然经济的基础，中国逐渐被纳入世界殖民主义体系，日益成为世界资本主义的附庸。在遭受外国商品冲击严重的五口通商地区，自然经济开始接解体，东南沿海的一些城市（主要是五个通商口岸）于战后迅速畸形繁荣起来，并在中国社会出现了新的社会阶层即买办阶层。随着资本主义国家在五口通商地区投资办企业，中国的无产阶级诞生了。鸦片战争以前中国社会的主要矛盾是农民阶级与地主阶级的矛盾，战后，帝国主义和中华民族的矛盾、封建主义和人民大众的矛盾成为中国社会的主要矛盾，而帝国主义和中华民族的矛盾乃是各种矛盾中的最主要矛盾，从此中国人民肩负起反帝反封建的双重任务，中国的历史进入了民主革命时期。

随着社会政治经济的变化，在思想文化领域也发生了相应的转变。鸦片战争是中国传统文化向近代文化发展的一个重要转折点。

2. 19 世纪末，清政府向帝国主义国家借款与当今引进外资有什么实质区别？结合当今社会现状认识 19 世纪末，美国“门户开放”和当今中国对外开放之间的不同点，并就此谈谈你的认识。

答：清政府向列强大借外债是被迫的，是以牺牲中国的经济命脉和政治权利为代价的；当今我国向资本主义国家贷款没有损害中国的主权，是平等互利的。

二者有实质性的区别：①二者的历史背景不同。“门户开放”是在 19 世纪末由美国提出并得到帝国主义认可的对华侵略政策；对外开放是独立自主的中国为加速社会主义建设而提出的基本国策。②二者内容不同。“门户开放”政策是美国承认列强在中国“势力范围”和已取得特权的前提下，要求“利益均沾”、中国内地全部开放，以使帝国主义国家都享有投资的权利和利益；对外开放是按照平等互利的原则，引进外国先进科学技术，利用外国资金扩大对外贸易，进行多种形式的国际技术合作。③二者后果不同。“门户开放”是美国侵略中国新阶段的标志，使帝国主义在一定程度上形成了宰割中国的同盟；对外开放为我国社会主义现代化建服务，发展了我国的经济，使我国更加强盛。总之，二者的性质截然不同：“门户开放”是帝国主义强加给中国的侵华政策；对外开放政策是中国人民当家做主后，为搞活经济所采取的政策。

认识：①坚持独立自主的外交政策。②坚持中国特色的社会主义不动摇。③扩大对外开放和引进外资有利于社会主义建设，也顺应经济全球化趋势。

3. 从鸦片战争至19世纪末20世纪初，清政府与西方列强之间的关系呈现出怎样的特征？分析这些变化的原因和影响。

答：特征：①两次鸦片战争期间，西方列强开拓世界市场把矛头指向中国，试图以鸦片和炮舰打开中国大门；清王朝封建统治者愚昧落后，闭关锁国，于是显现对抗特征。清政府组织抵抗，但由于落后战败使中国开始沦为半殖民地半封建社会。②太平天国运动沉重打击了中外反动势力，促使清王朝与列强勾结，形成暂时"和好"局面，便利了列强侵华，中国半殖民地化程度加深。③19世纪末20世纪初，由于西方资本主义国家向帝国主义阶段过渡，经济实力壮大，扩张性增强，向清政府提出新的要求。清王朝内部顽固派支持义和团反击外来侵略，但很快又转向与外国列强勾结，共同镇压了义和团运动。这样，清政府完全成为洋人的朝廷，中国半殖民地化秩序完全确立。

认识：①民族压迫的实质是阶级压迫，中外勾结的基础是共同镇压人民革命。②封建主义无法阻挡西方资本主义，落后就要挨打。③中国人民的英勇抗争使列强不能灭亡中国。

4. 为什么说鸦片战争是中国近代史的起点？

答：1840年鸦片战争是中国近代史的开端，原因有四：第一，战争后中国的社会性质发生了根本性变化，由一个落后封闭但独立自主的封建国家沦为一个半殖民地半封建社会。第二，中国的发展方向发生变化，战前中国是一个没落的封建大国，封建制度已经腐朽，在缓慢地向资本主义社会发展，如果没有外来势力干扰，中国最终也会向西方大国那样发生资产阶级革命成为资本主义国家；而鸦片战争后中国的民族资本主义不可能获得正常发展，中国也就不可能发展为成熟的资本主义社会，而最终选择了社会主义道路。第三，社会主要矛盾发生变化，战前中国的主要矛盾是农民阶级与封建地主阶级的矛盾，而战后主要矛盾则包括农民阶级和地主阶级的矛盾及中华民族与外国殖民侵略者的矛盾，也就是社会主要矛盾复杂化。第四，革命任务发生变化，原先的革命任务是反对本国封建势力，战后则增加了反对外国殖民侵略的任务，革命的性质也由传统的农民战争转为旧民族主义革命。

5. 怎样认识近代中国的主要矛盾、社会性质及其基本特征？

答：(1)主要矛盾。帝国主义和中华民族的矛盾；封建主义和人民大众的矛盾是近代中国的主要矛盾。中国近代社会的两对主要矛盾是互相交织在一起的，而帝国主义和中华民族的矛盾，是最主要的矛盾。

(2)社会性质:半殖民地半封建的性质。中国社会的半殖民地半封建社会,是近代以来中国在外国资本主义势力的入侵及其与中国封建主义势力相结合的条件下,逐步形成的一种从属于资本主义世界体系的畸形的社会形态。鸦片战争前的中国社会是封建社会。鸦片战争以后,随着外国资本-帝国主义的入侵,中国社会性质发生了根本性变化:独立的中国逐步变成半殖民地的中国;封建的中国逐步变成半封建的中国。

(3)基本特征:

第一,资本-帝国主义侵略势力不但逐步操纵了中国的财政和经济命脉,而且逐步控制了中国的政治,日益成为支配中国的决定性力量。

第二,中国的封建势力日益衰败并同外国侵略势力相勾结,成为资本-帝国主义压迫、奴役中国人民的社会基础和统治支柱。

第三,中国的自然经济基础虽然遭到破坏,但是封建剥削制度的根基——封建地主的土地所有制依然在广大地区内保持着,成为中国走向近代化和民主化的严重障碍。

第四,中国新兴的民族资本主义经济虽然已经产生,并在政治、文化生活中起了一定作用,但是在帝国主义封建主义的压迫下,他的发展很缓慢,力量很软弱,而且大部分与外国资本-帝国主义和本国封建主义都有或多或少的联系。

第五,由于近代中国处于资本-帝国主义列强的争夺和间接统治之下,近代中国各地区经济、政治和文化的发展是极不平衡的,中国长期处于不统一状态。

第六,在资本-帝国主义和封建主义的双重压迫下,中国的广大人民特别是农民日益贫困化以致大批破产,过着饥寒交迫和毫无政治权力的生活。

中国半殖民地半封建社会及其特征,是随着帝国主义侵略的扩大,帝国主义与中国封建势力结合的加深而逐渐形成的。

6. 帝国主义的入侵给中国带来了什么?

答:第一,西方资本-帝国主义的入侵,造成中国近代的贫穷与落后。近代资本-帝国主义列强对中国发动一系列侵略战争,迫使中国政府签订不平等条约,勒索大量战争赔款,直接割占中国大片领土。设立租界,强占租借地,划分势力范围。列强严重破坏了中国领土完整。严重破坏了中国的主权。列强通过公使驻京直接向清政府发号施令,通过领事裁判权破坏中国司法主权,通过控制中国海关直接干预中国内政外交,他们还扶植收买代理人,共同镇压中国人民的反帝反封建斗争,从而把中国当权者变成自己的代理人和驯服工具。列强通过不平等条约的特权，迫使中国开放通商口岸，通过协定关税，使中国在对外贸易中处于被宰割的地位，同过大规模的商品倾销和资本输出，使中国逐步沦为外国侵略者的商品销售市场和原料掠夺地，并操纵了中国的主要经济命脉。列强还对中国进行文化渗透，一些传教士披着宗教的外衣，进行侵略活动，他们还宣扬“种族优劣论”，“黄祸论”，目的是为了帝国主义侵略有理论制造舆论。所以，帝国主义的侵略和本国封建势力对人民的压迫，是中国落后、贫困的根本原因。

第二，西方资本-帝国主义的入侵，阻滞了中国近代化的进程。虽然，列强在侵华的时候也充当了历史的不自觉的工具，把西方资本主义的及其技术带入中国，刺激了中国资本主义的发生。但是，其主观上并不希望中国成为独立自主富强的近代化国家。因此，总是千方百计地压制中国民族资本主义的发展，阻挠和破坏中国社会的进步。历史证明，只有推翻帝国主义和封建主义在中国的统治，中国才有可能走上独立富强的道路。

7. 中国近代历次反侵略战争失败的根本原因和教训是什么？

答：第一，近代中国社会制度的腐败是反侵略战争失败的根本原因。在1840年以后中国逐渐沦为半殖民地半封建社会的过程中，清王朝统治者从皇帝到权贵，大都昏庸愚昧，不了解世界大势，不懂得御敌之策。由于政治腐败、经济落后和文化保守，一方面使清朝统治阶级封闭自守，妄自尊大，骄奢淫逸，盲目进攻；另一方面又使统治者和清军指挥人员在战争面前完全没有应变的能力和心态，不适应于近代战争，不少将帅贪生怕死，临阵脱逃，有的甚至出卖国家和民族的利益。清政府尤其害怕人民群众，担心人民群众动员起来会危及自身统治，所以不敢发动和依靠人民群众的力量。清朝统治集团在对外战争中妥协退让求和投降的一系列做法，已经使他失去在中国存在的理由，不推翻他是不能取得反侵略战争胜利的。

第二，近代中国经济技术的落后是反侵略战争失败的另一个重要原因。当时的英国已经历过工业革命，资本主义生产力获得突飞猛进的发展，而中国仍停留在封建的自然经济水平上。经济技术的落后直接造成军事装备的落后，军队指挥员不了解近代军事战术，从而造成军队素质和战斗力的低下。经济技术落后是反侵略战争失败的重要原因，但并不表明经济技术落后就一定在反侵略战争中失败。正是因为当时的中国政府不能很好地组织反侵略战争，不能发动和利用人民群众的力量，甚至压制人民群众，其失败是不可避免的。（3）中国近代历次反侵略战争失败的教训：中国人民必须把反对帝国主义的民族斗争和反对封建主义的阶级斗争统一起来，才能完成近代中国革命的任务。

（五）材料题

1. 阅读下列材料回答问题

答：（1）主张对日作战。因为李鸿章一味妥协退让，贻误战机。基本属实。（2）消极防御。中国财力有限，对海防投入费用太少。意图是为其妥协、消极抗战行径辩护。（3）清政府的军队是封建统治阶级对内镇压人民的工具。（4）清政府过于依靠外国；作战消极防御，政府妥协求和，士兵战斗力不强；日本准备充分。

2. 阅读下列材料回答问题

答：（1）材料1中英商完全按中国规定纳税；材料2是中英双方协定关税。后者破坏了中国的关税自主权。（2）片面最惠国待遇。使中国丧失了大量的主权。

五、延伸阅读

澳门问题的由来

澳门在我国珠江下游西岸，与香港隔海相望，与广东珠海毗邻，澳门由澳门半岛和两个附属海岛组成，总面积为16.92千米^2，现有人口50多万，其中96%为华人。澳门（别名蚝镜、濠江、海镜、镜湖、香山澳等）历来是中国的领土，归属广东省香山县管辖。1535年（明嘉靖十四年）广东地方官员允许外国商船入泊澳门，澳门从此成为中外互市之地。1554年，葡萄牙人开始在澳门与中国商人交易。从1557年起，葡萄牙人开始在澳门非法定居，中国广东地方官员因受贿赂而未加阻止，到1573年，葡萄牙人每年都向明政府交纳地租。1578年后，澳门成为葡萄牙人独占的商埠。1582年前后，明政府在行政、司法、税收等方面对澳门这一特殊地区逐渐建立了一套特殊的管辖制度。此后，在长达260余年的时间里，明、清两朝对澳门都行使有效的管辖权。第一次鸦片战争后，葡萄牙人趁机扩大其在澳门的地盘。1845年11月26日，葡萄牙女王玛利亚二世擅自宣布澳门为自由港。1887年12月1日，清政府与葡萄牙签订《中葡和好通商条约》，清政府允许葡萄牙人"永居管理澳门"。清政府几乎丧失了在澳门的全部主权，使澳门成为有不平等条约为依据的葡萄牙"殖民地"。1928年国民党政府外交部通知葡方，中葡条约"已期满无效”，葡方不同意，但表示愿意谈判修改现约。1974 年 4 月 25 日，葡萄牙发生了革命，不久葡萄牙宣布承认澳门不是葡萄牙的殖民地，而是中国领土，是葡萄牙管理的特殊地区。1979 年 2 月 8 日，中葡建交，双方对澳门问题取得较为一致的意见，认为澳门是中国领土，目前由葡萄牙管理，澳门问题是历史遗留下来的问题，在适当的时期中葡两国通过友好协商解决。从 1986 年 6 月底开始，中葡两国就澳门问题举行会议，经过四轮会谈，与 1987 年 4 月 13 日正式签署《中葡联合声明》。1988 年 1 月 15 日，双方政府正式批准，《中葡联合声明》正式生效，澳门进入过渡期。根据《联合声明》，中国将于 1999 年 12 月 20 日恢复对澳门行使主权。1993 年 3 月 31 日，第八届人大一次会议通过了《中华人民共和国澳门特别行政区基本法》，明确规定：澳门实行高度自治，保持现有制度和生活方式不变。1999 年 12 月 20 日，中国正式恢复了对澳门行使主权，这个遗失了 400 多年的“七子”终于回到了祖国的怀抱。

法国作家雨果斥责英法联军暴行(节选)

有一天，两个强盗走进圆明园，一个抢了东西，一个放了火。仿佛战争得了胜利便可以从事抢劫了。在两个胜利者瓜分赃款的条件下，圆明园就大规模地遭了蹂躏……把我们各大教堂的宝藏集拢在一起也是抵不上东方这所庞大的辉煌的博物院的。里面不但有各式各样的艺术杰作，并且堆积着金银珠宝。是丰功伟绩，也是贼运亨通，这个胜利者把口袋装满，那个把箱箧装满，他们手拉手，笑嘻嘻地回到欧洲。这就是那两个强盗的历史。

我们欧洲人自认为是文明人，而在我们眼中，中国人是野蛮人，可是你看文明人对野蛮人干了些什么。

在历史面前，这两个强盗，一个叫法兰西，一个叫英吉利。

毛泽东：《中国革命和中国共产党》节选

中国封建社会的商品经济的发展，已经孕育着资本主义的萌芽，如果没有外国资本主义的影响，中国也将缓慢地发展到资本主义社会。外国资本主义的侵入，促进了这种发展。外国资本主义对于中国的社会经济起了很大的分解作用，一方面，破坏了中国自给自足的自然经济的基础，破坏了城市的手工业和农民的家庭手工业；另一方面，则促进了中国城乡商品经济的发展。这些情形，不仅对中国封建经济的基础起了解体的作用，同时又给中国资本主义生产的发展造成了某些客观的条件和可能。因为自然经济的破坏，给资本主义造成了商品的市场，而大量农民和手工业者的破产，又给资本主义造成了劳动力的市场。事实上，由于外国资本主义的刺激和封建经济结构的某些破坏，还在19世纪的下半期，还在60年前，就开始有一部分商人、地主和官僚投资于新式工业。到了同世纪末年和20世纪初年，到了四十年前，中国民族资本主义便开始了初步的发展。到了二十年前，即第一次帝国主义世界大战的时期，由于欧美帝国主义国家忙于战争，暂时放松了对于中国的压迫，中国的民族工业，主要是纺织业和面粉业，又得到了进一步的发展。中国民族资本主义发生和发展的过程，就是中国资产阶级和无产阶级发生和发展的过程。如果一部分的商人、地主和官僚是中国资产阶级的前身，那么，一部分的农民和手工业工人就是中国无产阶级的前身了。中国的资产阶级和无产阶级，作为两个特殊的社会阶级来看，它们是新产生的，它们是中国历史上没有过的阶级。它们从封建社会脱胎而来，构成了新的社会阶级。它们是两个互相关联又互相对立的阶级，它们是中国旧社会（封建社会）产出的双生子。但是，中国无产阶级的发生和发展，不但伴随中国民族资产阶级的发生和发展而来，而且伴随帝国主义在中国直接地经营企业而来。所以，中国无产阶级的很大一部分较之中国资产阶级的年龄和资格更老些，因而它的社会力量和社会基础也更广大些。可是，上面所述的这一资本主义的发生和发展的新变化，只是帝国主义侵入中国以来所发生的变化的一个方面。还有和这个变化同时存在而阻碍这个变化的另一个方面，这就是帝国主义勾结中国封建势力压迫中国资本主义的发展。帝国主义列强侵入中国的目的，绝不是要把封建的中国变成资本主义的中国。帝国主义列强的目的和这相反，它们是要把中国变成它们的半殖民地和殖民地。帝国主义列强为了这个目的，曾经对中国采用了并且还正在继续地采用着如同下面所说的一切军事的、政治的、经济的和文化的压迫手段，使中国一步一步地变成了半殖民地和殖民地：

一、向中国举行多次的侵略战争，例如1840年的英国鸦片战争，1857年的英法联军战争，1884年的中法战争，1894年的中日战争，1900年的八国联军战争。用战争打败了中国之后，帝国主义列强不但占领了中国周围的许多原由中国保护的国家，而且抢去了或“租借”去了中国的一部分领土。例如，日本占领了台湾和澎湖列岛，“租借”了旅顺，英国占领了香港，法国“租借”了广州湾。除割地之外，又索去了巨大的赔款。这样，就大大地打击了中国这个庞大的封建帝国。

二、帝国主义列强强迫中国订立了许多不平等条约，根据这些不平等条约，取得了在中国驻扎海军和陆军的权利，取得了领事裁判权，并把全中国划分为几个帝国主义国家的势力范围。

三、帝国主义列强根据不平等条约，控制了中国一切重要的通商口岸，并把许多通商口岸划出一部分土地作为它们直接管理的租界。它们控制了中国的海关和对外贸易，控制了中国的交通事业（海上的、陆上的、内河的和空中的）。因此它们便能够大量地推销它们的商品，把中国变成它们的工业品的市场，同时又使中国的农业生产服从于帝国主义的需要。

四、帝国主义列强还在中国经营了许多轻工业和重工业的企业，以便直接利用中国的原料和廉价的劳动力，并以此对中国的民族工业进行直接的经济压迫，直接地阻碍中国生产力的发展。

五、帝国主义列强经过借款给中国政府，并在中国开设银行，垄断了中国的金融和财政。因此，它们就不但在商品竞争上压倒了中国的民族资本主义，而且在金融上、财政上扼住了中国的咽喉。

六、帝国主义列强从中国的通商都市直至穷乡僻壤，造成了一个买办的和商业高利贷的剥削网，造成了为帝国主义服务的买办阶级和商业高利贷阶级，以便利其剥削广大的中国农民和其他人民大众。

七、于买办阶级之外，帝国主义列强又使中国的封建地主阶级变为它们统治中国的支柱。它们"首先和以前的社会制度的统治阶级——封建地主、商业和高利贷资产阶级联合起来，以反对占大多数的人民。帝国主义到处致力于保持资本主义前期的一切剥削形式(特别是在乡村)，并使之永久化，而这些形式则是它的反动的同盟者生存的基础"。"帝国主义及其在中国的全部财政军事的势力，乃是一种支持、鼓舞、栽培、保存封建残余及其全部官僚军阀上层建筑的力量。"

八、为了造成中国军阀混战和镇压中国人民，帝国主义列强供给中国反动政府以大量的军火和大批的军事顾问。

九、帝国主义列强在所有上述这些办法之外，对于麻醉中国人民的精神的一个方面，也不放松，这就是它们的文化侵略政策。传教，办医院，办学校，办报纸和吸引留学生等，就是这个侵略政策的实施。其目的，在于造就服从它们的知识干部和愚弄广大的中国人民。

十、从 1931 年"九一八"以后，日本帝国主义的大举进攻，更使已经变成半殖民地的中国的一大块土地沦为日本的殖民地。

上述这些情形，就是帝国主义侵入中国以后的新的变化的又一个方面，就是把一个封建的中国变为一个半封建、半殖民地和殖民地的中国的血迹斑斑的图画。由此可以明白，帝国主义列强侵略中国，在一方面促使中国封建社会解体，促使中国发生了资本主义因素，把一个封建社会变成了一个半封建的社会；但是在另一方面，它们又残酷地统治了中国，把一个独立的中国变成了一个半殖民地和殖民地的中国。——毛泽东.毛泽东选集.第 2 卷//中国革命和中国共产党.北京：人民出版社，1991：626-630.

六、参考文献

[1] 胡绳.从鸦片战争到“五四运动”(上). 北京:人民出版社,1980.
[2] 徐凤晨,赵矢元.中国近代史.北京:人民出版社,1983.
[3] 李侃,龚书铎.中国近代史. 北京:中华书局,2005.
[4] 林增平.中国近代史.北京:人民出版社,1979.
[5] 苑书义.中国近代史新编.北京:人民出版社,1986.
[6] 严中平,等.中国近代经济史统计资料选辑.北京:人民出版社,1989.
[7] 马克思.鸦片贸易史. 马克思恩格斯选集(第2卷). 北京:人民出版社,2012.
[8] 牟安世.鸦片战争.上海:上海人民出版社,1982.
[9] 马克思.中国革命和欧洲革命. 马克思恩格斯选集(第2卷).北京:人民出版社,2012.
[10] 马士,张汇文,等译.中华帝国对外关系史(第1卷).北京:三联书店,1957.
[11] 陈胜磷.林则徐与鸦片战争论稿.济南:山东大学出版社,1985.
[12] 茅海建.天朝的崩溃——鸦片战争再研究.北京:三联书店,1995.

专题二

传统阶级对国家出路的探索

一、教学目的与要求

通过本专题教学使学生对传统阶级对国家出路的探索有清晰的把握。了解农民阶级领导的太平天国运动的概况，对《天朝田亩制度》、《资政新篇》的内容及历史地位的分析评价，对地主阶级在内忧外患中领导的洋务运动的背景、内容、性质、评价以及历史作用的解读。

二、教学内容提要

本专题将着重介绍从鸦片战争失败后到辛亥革命前的几辈中国人，探寻救国真理的历程。从中国近代开眼看世界的第一人——林则徐，到同时期的魏源，在《海国图志》一书中提出的"师夷长技以制夷"的主张；从洪秀全的理想王国——"天国"，到其族弟洪仁玕的《资政新篇》；从洋务派掀起的轰轰烈烈的洋务运动，都是向西方寻找真理，也都未从根本上改变封建统治的本质和命运。

三、重点问题解析

(一)《天朝田亩制度》和《资政新篇》

为了在人间建立一个人人平等、天下一家、共享太平的"天国"，洪秀全于1853年冬颁布了《天朝田亩制度》。《天朝田亩制度》的中心内容是要废除封建地主土地所有制，还涉及经济、政治、军事、文教和社会改革等多方面的政策和措施。

1. 土地分配原则和方法：它把土地分为九等，好坏平均搭配。然后以户为单位，不分男女按人口平均分配。16岁以上分全份，15岁以下分半份。

2. 产品分配原则和方法：它还绘制了一幅新型社会的蓝图，这就是以25家为基层单位，称为"两"。两个"两"，设"两司马"主持。每5家设"伍长"一人。每家出

1人当兵为伍卒，“有警则首领统之为兵，杀敌捕贼，无事则首领督之为农。”每个基层单位，建立一个“国库”，“凡当收成时，两司马督伍长除足其25家每人所食可接新谷外，余则归国库，凡麦、豆、苎麻、布帛、鸡、犬各物及银钱亦然”。各家遇有婚丧嫁娶和生育等事，按规定费用到“国库”领取；鳏寡孤独残废等丧失劳动能力的人，也由“国库”开支抚养。农民除耕种外，还要利用农闲时间饲养猪、鸡、蚕，从事纺织、缝衣、制作陶器、木活、打石等家庭副业和手工业生产。

3.其他方面：在政治制度方面，实行乡官制度。在太平军的区域内摧毁了各级地方封建政权，建立起农民的革命政权。凡县一级以上的负责人，一般都由革命军将领担任。地方乡官由贫苦农民担任。《天朝田亩制度》规定，地方官吏由人民选举，“凡天下每岁一举，以补诸官之缺”。乡官如有贪污不法的，人民可以检举揭发，随时革退。太平天国地方政权的建立，有力地推进了革命的发展。

对于妇女政策，《天朝田亩制度》也有一些进步的规定：妇女和男子同样分配土地和生活资料；妇女可参与军政事务；设置女官，开科取士；在宗教上，妇女和男子都参加拜上帝活动。还提出禁止缠足和买卖婚姻。这样，妇女地位有了显著提高。妇女的积极性大大提高了。太平天国在婚姻上，规定“天下婚姻不论财”，废除了把妇女当作商品的买卖婚姻。太平天国发给男女自由结合的结婚证书——“合挥”，上面登记着结婚人的姓名、年岁、籍贯等项目，还盖有龙凤图章。这是史无前例的创举。

具有强烈的革命性：是太平天国的革命纲领。它以土地为中心全面改造封建社会建设农民理想社会的方案，前所未见。土地是农民的命根子，所以洪秀全要废除封建地主土地所有制，均天下田给天下农民耕种，以实现“有田同耕，有饭同食，有衣同穿，有钱同使，无处不均匀，无人不饱暖”的人人平等的理想社会。这个天国理想的宏图，是它立国的纲领性文件。在中国农民战争史上，它是第一次提出了解决土地问题的方案。太平天国《天朝田亩制度》的出现，不仅标志着农民战争发展的历史高峰，而且是近代中国农民阶级摸索救国救民道路的一次伟大尝试。

局限性：绝对平均分配的圣库制度违背了小生产者的阶级本性，损害农民生产积极性，具有空想性。农民阶级不是先进生产力的代表，其纲领只能反映其迫切的现实愿望，追求平等、平均和小私有制基础上的男耕女织的自然经济。《资政新篇》是清咸丰九年(1859年)太平天国干王洪仁玕提出的带有资本主义色彩的改革方案。洪仁玕(公元1822—1864年)是洪秀全的一个族弟，在洪秀全创“拜上帝教”的时候，他就积极参加，随同洪秀全做宣传工作。他于太平天国后期才到南京。洪秀全封他为干王，任命他为军师，“总理朝政”。他一跃成为太平天国的第二号人物。他接受了这个任务之后，向洪秀全呈奏了一篇文章，称为《资政新篇》。这是他的一篇施政纲领。《资政新篇》的核心是仿效西方资本主义国家从政治、经济、文化各方面对中国进行革故鼎新的改革，在政治上，要把中国建立成一个带有法制与民主色彩的国家，在经济上，要通过建立、发展资本主义性质的近代企业以求富强。后来资产阶级改良主义者所提的方案，尽管有更深入的见解，更详细的计划，但是，都远不如它的规模宏伟。特别重要的是，它是建筑在推翻地主土地所有制的革命基础之上提出来的，而资产阶级改良派是在维持这个土地制度反对农民革命的基础上提出来的，有阶级本质的差异。《资政新篇》是资生阶级革命派出现以前，最富有革命彩的发展资本主义的纲领，是当时最有积极意义的社会改革方案，它在中国近代经济思想的发展进程中，将以第一个主张全面发展资本主义的纲领而记入史册。作为太平天国继续反封建反侵略的纲领，它有强烈的革命性。它是先进的中国人最早提出的在中国发展资本主义的方案，具有鲜明的资本主义性质。它明确提出了学习西方先进的政治制度和先进的科学技术，主张平等的外交等。集中反映了当时先进的中国人向西方寻找真理和探索救国救民道路的迫切愿望，符合中国社会发展方向，具有进步性。

《资政新篇》没有把发展资本主义与消灭封建剥削制度联系起来，没有同太平天国当时的现实斗争联系起来，只字未提农民最关心的土地问题，既非农民斗争实践的产物，也缺乏实践的社会、经济和阶级基础，因此得不到太平天国广大将士的拥护，对太平天国的现实斗争没有起任何积极作用，而且战争环境也不具备实行的客观条件，所以它根本没有实行。

(二)关于洋务运动主要代表人物的评价问题

曾国藩、李鸿章是洋务运动的主要代表人物，也是近年为人们所乐谈的近代人物。关于这两个代表人物的评价问题是这样的：关于曾国藩的评价问题。在 19 世纪，封建统治者和正统史家、学者大都以“中兴名臣”和“当世完人”来赞扬曾国藩。20 世纪初，才开始有一些革命党人对曾国藩进行批判，认为曾国藩“忍心害理，屠戮同胞，为满洲人忠顺之奴隶也”。20 世纪三四十年代，由于蒋介石的倡导，开始出现研究曾国藩的专著，但观点针锋相对。一部分人认为曾国藩是至高无上的“圣人”，“完人”，以迎合蒋介石一党专政的需要，另一部分观点认为，曾国藩是“汉奸”，“刽子手”，以揭露国民党当局借历史为自己粉饰的目的，对唤醒人民大众的觉悟发挥了积极的作用。党的十一届三中全会以后，伴随着对洋务运动的争论，有关曾国藩的评价和研究再度活跃，对曾国藩的政治思想、洋务思想、外交思想、忠君思想、治学思想、文学思想、人才观等作了比较详细、深入地研究，有上百种研究专著、读物、资料出版，曾国藩因此成为历史热点人物之一。对于曾国藩的评价问题，我们既要看到曾国藩镇压太平天国运动、对外妥协的一面，也要看到曾国藩在洋务运动中举办洋务，以及他在个人修养、用人、文学、整饬吏风等方面的一些值得肯定的地方。而实事求是、客观公正一直是我们在认识历史问题上的科学态度。

关于李鸿章的评价问题。李鸿章是中国近代史上的重要人物。从 19 世纪 70 年代起，他一直掌管清政府外交、军事、经济等大权，在许多重大历史事件中扮演了举足轻重的角色。同关于曾国藩的评价问题一样，关于李鸿章的评价问题也是观点各异，针锋相对。有人认为，李鸿章办洋务"是妥协性大于抗争性"，"李鸿章等所从事的自强、求富的洋务运动，由于对外执行妥协投降的外交政策，对内维护封建体制实行封建垄断政策，不可能迅速地发展工业，建设巩固的国防，改变半殖民地的地位，使中国富强起来，所以，它的失败是必然的"。有人认为，李鸿章积极倡导向西方学习，所创办的军事工业是为了"师其所能，夺其所恃"，它虽然"起了镇压人民起义，延长清朝寿命的反动作用"，但也具有加强国防力量借以抵御外国侵略的意图和作用。有人认为李鸿章奉行的是妥协投降的卖国外交路线政策，应该予以全盘否定。他代表清政府与侵略者谈判交涉，签订了一系列不平等条约，他的卖国行径博得了帝国主义侵略者的赏识，争相罗织，并对他施以重贿，他在帝国主义的利诱和胁迫下，更肆无忌惮地拍卖中国的主权利益。有人则主张李鸿章的外交以妥协投降为主，但他也与侵略者进行过一定斗争，应该具体问题具体分析。笔者认为，应该回到历史的本来面目中去评价历史人物，既不能要求历史人物有今人的眼光和立场，也不能为"求新""求异"而任意拔高历史人物。用历史事实来说话是最科学的，也是最有分量的。

(三)对洋务运动的指导思想的评价

洋务派的主张顺应了中国近代化的历史趋势。所谓近代化，就英法等西欧国家而言，就是使社会摆脱中世纪的封建形态而资本主义化，这是由其社会内部矛盾自然演化的结果，作为落后国家的中国近代化，除了中国社会内在的动力之外，还是对资本帝国主义殖民侵略和世界近代化浪潮冲击所做出的积极回应。国际环境迫使中国中断自己的历史发展程序，从西方移入资本主义的生产方式，变更或改造原有的经济、政治结构，即推封建主义之陈，兴资本主义之新。近代化是一个综合概念，其核心是经济近代化，而经济近代化则包括工农业的生产关系从封建主义到资本主义的变革和生产力从手工劳动到机器生产的转变。在中国最早窥其崖岸的，是地主阶级改革派，他们提出了"师夷之长技以制夷"的主张。把"师长之说"付诸实践的，则是以一批满汉军政要员为中坚的洋务派。洋务派前期的首脑是李鸿章，后期的代表人物是张之洞，包括李鸿章和张之洞在内的洋务派，是由顽固派中分化出来的，具有深厚的儒学素养和强烈的经世要求，掌握并利用清朝部分中枢和地方政权为杠杆,"借法自强",他们从传统的"道体器用"观出发,归纳出"中学为体,西方学用"的理论模式,主张以中国之道,用西方之器,以儒家伦常名教为原本,辅以西方富强之术,借用西方资本主义的甲胄以保护清朝封建主义的躯体。他们在"中体西用"思想指导下,引进西方先进的机器装备、机器生产和科学技术,从而促使中国国防从传统迈向近代化,促使中国从封建主义向资本主义方向蠕动,促使中国逐渐形成了不同于传统学科的近代科技体制。洋务运动是清朝封建统治集团中一部分大官僚、大地主,为适应帝国主义和镇压农民革命的需要而推行的一场利用西方生产技术以挽救清朝封建统治的运动。洋务运动进行了 30 年,没有使中国走上富强的道路。同时,洋务派们为洋务运动定位的指导思想是"中学为体,西学为用"。所谓"中学为体",就是以封建主义的统治秩序为体;所谓"西学为用",就是学习和运用西方的科学技术来维护这个"体",目的是为了巩固封建统治。因此当具有资本主义特色的洋务运动本身冲击到封建统治体系(这种可能是显而易见的)的时候,就是洋务运动倡导者也会本能地维护封建统治。

四、强化训练与参考答案

(一) 单项选择题

1. 太平天国运动发生的主要原因是(　　)

A. 外国资本主义与中华民族的矛盾　　B. 封建主义与人民大众的矛盾

C. 满族与汉族的矛盾　　D. 儒家思想与拜上帝教的矛盾

2. "天兵来杀妖,全为穷乡亲。打下南京城,就把田地分。"这首曾在安徽芜湖地区流传的歌谣反映的史实是(　　)

A. 朱元璋建立明朝政权　　B. 鄂豫皖根据地的土地革命

C. 太平天国农民运动　　D. 北伐战争时期安徽的农民斗争

3. 1853 年太平天国改南京为天京,定为都城,这标志着太平天国运动(　　)

A. 开始兴起

B. 正式建立与清王朝相对峙的农民政权

C. 进入全盛时期

D. 开始抗击外国侵略者的斗争

4. 建立一个"衣食无忧、富足安康"的理想社会,是中国农民几千年来孜孜以求的梦想。19 世纪中叶,为实现上述梦想,太平天国颁布的带有空想色彩的农民革命的纲领性文件是(　　)

A.《天朝田亩制度》　　B.《中国同盟会总章》

C.《中华民国临时约法》 D.《土地法》

5. 近人《世载堂杂忆》记载:"一日,殿上议事,北王问东王曰:'闻兄有不臣之心,自称万岁。'东王闻言,积威凌北王,北王即抽刀屠东王之腹。"此事造成了( )

A. 太平军内部自相残杀 B. 干王洪仁玕被罢黜去位
C. 天王洪秀全不理朝政 D. 中外反动派联合镇压

6. 中国近代历史上第一次反对国内封建势力和外国侵略势力的斗争是( )

A. 三元里人民的斗争 B. 太平天国农民运动
C. 义和团运动 D. 辛亥革命

7.《资政新篇》较之《天朝田亩制度》更具有历史的进步性,主要是指它( )

A. 更鲜明地提出不许外邦人干涉中国内政
B. 明确提出要以法治国,由公众选举官吏
C. 主张学习西方,最早提出在中国发展资本主义方案
D. 促使中国近代第一次思想解放潮流的发生

8.《资政新篇》没有实行的根本原因是( )

A. 太平天国是农民革命政权 B. 处于紧张的战争环境
C. 太平天国未能推翻清政权 D. 缺乏必要的社会条件

9. 太平天国之所以是中国农民战争的高峰,最主要的原因是( )

A. 其规模和延续时间均属空前 B. 建立了与清政府对立的政权
C. 制定了比较完整的革命纲领 D. 对封建王朝的打击空前沉重

10. 据记载,江南制造总局的工人1867年的收入,是同一地区农业劳动力或苦力收入的48倍,这一现象可以理解为( )

A. 民用企业利润丰厚,工人福利待遇较好
B. 官方重视军事工业,工人收入相对较高
C. 招募的工人多来自西方国家,收入自然较高
D. 民族资本家为笼络工人,提供相对丰厚的报酬

11. 第二次鸦片战争后洋务派主张学习西方先进生产技术,其根本目的是( )

A. 使中国走上资本主义道路 B. 镇压太平天国运动
C. 抵抗外国侵略 D. 维护清朝统治

12. 洋务派与顽固派的主要分歧是( )

A. 维护清朝统治整顿 B. 反对外来侵略
C. 对待外洋事物的态度 D. 镇压太平天国运动

13. 19世纪60—90年代是中国近代工业化的早期阶段。下列关于该阶段工业资金来源的表述,正确的是( )

A. 军事工业的资金最初来自官办民用企业

B. 民用工业的资金最初来自政府

C. 军事工业的资金主要来自民间

D. 民用工业的资金来自政府和民间

14. 甲午战败后,李鸿章伤感地说:"我办了一辈子事,练兵也,海军也,都是纸糊的老虎……不过勉强涂饰,虚有其表。"从他的话中,我们更能看出洋务运动是( )

A. 一次使中国走上了富强道路的运动

B. 一次失败了的封建统治者的自救运动

C. 一次失败了的资产阶级改良运动

D. 一次资产阶级的民主革命运动

15. 洋务运动破产的标志是( )

A. 中法战争福建水师的军舰被击毁　　B. 甲午战争北洋舰队全军覆灭

C. "经远"、"定远"、"致远"号被摧毁　　D.《辛丑条约》的签订

(二) 多项选择题

1. 太平天国之所以是中国农民战争发展的最高峰,主要是因为( )

A. 其规模和延续时间均属空前　　B. 建立了与清政府对立的政权

C. 制定了比较完整的革命纲领　　D. 对封建王朝的打击空前严重

2. 太平天国北伐失败的原因是( )

A. 孤军深入给养不足　　B. 遭到清军的重兵围攻

C. 北伐军不适应北方严冬　　D. 北方群众不接受拜上帝教

3. 与以往的农民战争相比,太平天国运动的时代特点表现在( )

A. 运动规模空前巨大　　B. 反封建同时反侵略

C.《天朝田亩制度》的平均主义思想　　D.《资政新篇》的资本主义色彩

4. 19世纪60年代,洋务运动得以进行,原因在于( )

A. 列强侵略战争的刺激　　B. 洋务派掌握地方实权

C. 洋务派控制了中央政权　　D. 慈禧太后的支持

5. 洋务运动中,清政府引进的项目主要包括( )

A. 科技　　B. 资金　　C. 人员　　D. 设备

6. 鸦片战争后"向西方学习"的思想兴起,下列对"师夷长技以制夷"这一主

张理解正确的是( )

A.向西方寻求强国御辱之道 B.仍然以天朝大国自居

C.“技”的主义重点是军事技术 D.已经对中国落后有了充分认识

7. 洋务派的代表人物有( )

A.曾国藩 B.左宗棠 C.李鸿章 D.张之洞

8.《海国图志》与《资政新篇》的相同点有( )

A.都主张向西方学习

B.都反映了先进的中国人探索救国救民道路的愿望

C.目的都是抵御外国侵略

D.都是介绍西方地理历史的专著

9. 下列各项能反映19世纪四五十年代与时俱进思想的是( )

A.《四洲志》 B.《海国图志》

C.《资政新篇》 D.《原道醒世训》

10.《天朝田亩》制度是( )

A.以解决土地问题为中心的比较完整的社会改革方案

B.一个带有资本主义色彩的改革与建设方案

C.最能体现太平天国社会理想和这次农民战争特点的纲领性文件

D.洪仁玕向洪秀全提出的统筹全局的建议

11. 以下属于《资政新篇》的内容的是( )

A.在政治方面主张加强中央集权

B.在经济方面,主张发展近代工矿、交通、金融事业

C.在思想方面,提出设新闻官、设“暗柜”,革除缠足等社会陋习

D.在外交方面,主张同世界各国交往、通商,强调外国人不得干涉内政

12. 太平天国农民起义以失败告终,失败的原因是( )

A.缺乏先进阶级的领导

B.太平天国领导人对外国资本主义列强缺乏理性的认识

C.清朝统治集团中的顽固势力多方阻挠

D.没有科学的理论指导

13. 太平天国具有不同以往的农民战争的历史特点是( )

A.建立自己的政权

B.提出了《天朝田亩制度》

C.提出了中国近代史上第一个具有资本主义色彩的方案

D.沉重地打击了封建统治阶级

14. 以下属于洋务派举办的官督商办民用企业的是(　　)

A. 轮船招商局　　B. 开平矿务局

C. 天津电报局　　D. 上海机器织布局

15. 洋务运动自身的缺陷限制了洋务运动的发展,最终以失败而宣告结束,其缺陷是(　　)

A. 洋务运动具有封建性　　B. 洋务运动对西方列强具有依赖性

C. 因为企业的管理具有腐朽性　　D. 清朝统治集团中顽固势力多方阻挠

(三) 辨析题

1. 太平军所进行的战争,是一次反对清政府腐朽统治和地主阶级压迫、剥削的正义战争。

2.《资政新篇》是一个具有资本主义色彩的方案。

3. 洋务派主张改变封建科举制度,以培养洋务人才。

4. 经济技术落后决定了中国在近代反侵略战争中的必败。

5.《天朝田亩制度》因为没有真正实行,所以没有什么进步意义。

6. 太平天国失败的根本原因是清政府和洋枪队的联合绞杀。

7. 洋务派办洋务的目的是发展中国资本主义。

(四) 综合问答题

1. 如何认识太平天国农民战争的意义和失败的原因、教训?

2. 如何认识洋务运动的性质和失败的原因、教训?

(五) 材料题

1. 以下是一组洋务运动时期的言论:

材料1:曾国藩说:"今日和议既成,中外贸易有无交通,购买外洋器物,尤属名正言顺。购成之后,访募覃思之士,智巧之匠,始而演习,继而试造,不过一二年,火轮船必为中外官民通行之物,可以剿发捻,勤远略。"

材料2:奕䜣说:"就今日之势论之,发捻交乘,心腹之患也。俄国壤地相接,有蚕食中国之志,肘腋之患也。英国志在通商,暴虐无人理,不为限制则无以自立,肢体之患也。故灭发捻为先,治俄次之,治英又次之。"

材料3:冯桂芬说:"以中国之伦常名教为原本,辅以诸国强富之术。"

请回答:

(1)曾国藩所谓的"剿发捻"和"勤远略"分别指什么?

(2)参考材料 2、3,说明洋务派兴办洋务事业的指导思想是什么?

(3)结合材料 1、2、3,说明洋务派办洋务的目的何在?

2. 阅读下列材料回答问题

材料 1:即以船炮而官,本为海防必需之物,虽一时难以猝办,而为长久计,亦不得不先事筹维……从此制炮必求极利,造船必求极坚,似经费可以酌筹,即裨益实非浅鲜矣。——林则徐《密陈夷务不能歇手片刻》

材料 2:既款之后,则宜师夷长技以制夷。夷之长技三:一战舰,二火器,三养兵练兵之法。——魏源《海国图志》

请回答:

(1) 根据上述材料和所学知识,指出"师夷长技以制夷"主张产生的社会背景和主要内容。

(2)指出"师夷制夷"主张在当时的进步性和思想认识上的局限性。

参考答案

(一) 单项选择题

1. B　2. C　3. B　4. A　5. A　6. B　7. C　8. A

9. B　10. B　11. D　12. C　13. D　14. B　15. B

(二) 多项选择题

1. CD　2. AB　3. BDC　4. AB　5. ABCD

6. ABCD　7. ABCD　8. BCD　9. ABD　10. ABCD

11. ABCD　12. ABD　13. BCD　14. CD　15. ABCD

(三) 辨析题

1. 太平军所进行的战争,是一次反对清政府腐朽统治和地主阶级压迫、剥削的正义战争。

参考答案:对。太平军所进行的战争,是一次反对清政府腐朽统治和地主阶级压迫、剥削的正义战争。

2.《资政新篇》是一个具有资本主义色彩的方案。

参考答案:对。《资政新篇》是一个具有资本主义色彩的方案。

3. 洋务派主张改变封建科举制度,以培养洋务人才。

参考答案:错。洋务派主张改变封建科举制度,以培养洋务人才。洋务派主张培养洋务人才,但不愿改变封建科举制度。

4. 经济技术落后决定了中国在近代反侵略战争中的必败。

参考答案:错误。反侵略斗争失败的原因首先是中国半殖民地半封建社会的腐败社会制度决定的。其次,是国家经济特别是经济技术和作战能力的落后。教训:落后就要挨打,但是从根本上来说,不推翻腐朽的中国半殖民地半封建社会的腐败社会制度,要想广泛地动员和组织人民群众,去进行胜利的反侵略战争是不可能的。

5.《天朝田亩制度》因为没有真正实行,所以没有什么进步意义。

参考答案:错误。

(1) 进步性:《天朝田亩制度》提出一个以解决土地问题为中心的比较完整的社会改革方案。从根本上否定了封建社会的基础即封建地主的土地所有制,表现了广大农民要求平均分配土地的强烈愿望,具有进步意义。

(2)局限性:《天朝田亩制度》所规定的分配土地和社会经济生活方案,是要在小生产的基础上废除私有制和平均一切社会财富,以求人人平等,是农民的绝对平均主义思想。这种方案不可能使社会生产力向前发展,因此,它又具有违反社会发展规律的落后性。

6. 太平天国失败的根本原因是清政府和洋枪队的联合绞杀。

参考答案:错误。

(1)太平天国失败的根本原因,是缺乏先进阶级的领导。农民阶级不是新的生产力和生产关系的代表,带有小生产者所固有阶级局限性。

(2)没有科学理论的指导。太平天国是以拜上帝教来发动、组织群众的,但是,拜上帝教教义不是科学的思想理论,太平天国也不能正确对待传统文化。

(3)没有正确的政治纲领。《天朝田亩制度》虽有反封建的意义,但没有实现的现实依据。

(4)不能保持农民队伍的团结一致。农民意识导致农民运动领袖之间的内讧,是导致失败的原因之一。

(5)太平天国领导人对外国资本主义列强侵华野心缺乏理性的认识。经验教训:太平天国起义的发生和失败表明,在半殖民地半封建社会,农民具有伟大的革命力量,但由于阶级和时代的局限,它不能担负起领导反帝反封建斗争取得胜利的重任。

7. 洋务派办洋务的目的是发展中国资本主义。

参考答案:错误。洋务运动的主要目的是利用西方的先进技术维护清政府的封建统治。正如洋务派那句著名的“师夷长技以制夷”。洋务派认为中国的落后完全是技术落后造成的，但是中国的社会制度（即中国的封建制度）是先进的，所以我们要学习国外的技术，加上中国的制度来达到强国的目的。这其实也是洋务运动失败的根本原因之一：他们只意识到了技术的落后，而没有意识到中国根本的问题在于落后的封建制度。

（四）综合问答题

1. 如何认识太平天国农民战争的意义和失败的原因、教训？

(1)太平天国农民战争的意义：太平天国起义虽然失败了，但它具有不可磨灭的历史功绩和重大的历史意义。

第一，太平天国起义沉重打击了封建统治阶级，强烈震撼了清政府的统治根基，加速了清王朝的衰败过程。

第二，太平天国起义是旧式农民战争的最高峰，具有不同以往农民战争的新的历史特点。

第三，太平天国起义还冲击了孔子和儒家经典的正统权威，这在一定程度上削弱了封建统治的精神支柱。

第四，太平天国起义还有力地打击了外国侵略势力，给了侵略者应有的教训。

第五，在 19 世纪中叶的亚洲民族解放运动中，太平天国起义是其中时间最久、规模最大、影响最深的一次，他和亚洲国家的民族解放运动汇合在一起，冲击了西方殖民主义者在亚洲的统治。

(2)太平天国农民战争失败的原因：

A. 从主观上看：

第一，农民阶级不是新的是生产力和生产关系的代表。他们无法克服小生产者所固有的阶级局限性，因而无法从根本上提出完整的正确的政治纲领和社会改革方案。无法制止和克服领导集团自身腐败现象的滋长，也无法长期保持领导集团的团结，削弱了太平天国的向心力和战斗力。

第二，太平天国是以宗教来组织发动群众的，但是拜上帝教不是科学的思想理论，它不仅不能正确指导战争，而且给农民战争带来了危害。

第三，太平天国也没能正确对待儒学。

第四，太平天国不能把西方国家的侵略者与人民群众区别开来，对西方侵略者还缺乏理性的认识。

B. 从客观上看：中外反动势力勾结起来，联合镇压太平天国。

(3)太平天国农民战争失败的教训：

太平天国起义及其失败表明，在半殖民地半封建的中国，农民具有伟大的革命潜力。但它自身不能担负起反帝反封建取得胜利的重任，单纯的农民战争不可能完成争取民族独立和人民解放的历史重任。

2. 如何认识洋务运动的性质和失败的原因、教训？

(1) 洋务运动的性质：洋务运动是清朝封建统治阶级中的洋务派为了维护清朝的封建统治而实行的一场自救改革运动，既具有进步性，也具有落后保守性。

(2) 洋务运动失败的原因：

第一，洋务运动具有封建性。洋务运动的指导思想是"中学为体""西学为用"，洋务派企图在不改变中国固有的制度与道德的前提下，以吸取西方近代生产技术为手段，来达到维护和巩固中国封建统治的目的，这就严重限制了洋务运动的发展。

第二，洋务运动对外国具有依赖性。西方列强依据种种特权，从政治经济等各方面加紧对中国的侵略控制，他们并不希望中国真正富强起来，而洋务派处处依赖外国，企图以此来达到自强求富的目的，无异与虎谋皮。

第三，洋务企业的管理具有腐朽性。洋务企业虽然具有一定的资本主义性质，但其管理却是封建式的，企业内部充斥着营私舞弊、贪污中饱、挥霍浪费等腐败现象。

(3)洋务运动失败的教训：地主阶级不能担负起中国近代化的历史重任。

(五) 材料题

1. 阅读材料

(1)镇压人民革命，即太平军和捻军；为统治阶级解除外患。

(2)以中国封建伦理纲常所维护的统治秩序为主体，用西方的近代工业和技术为辅助，并以前者来支配后者。

(3)为了购买好制造洋枪洋炮以镇压农民起义，同时也有借此加强海防、边防，并乘机发展本集团的政治、经济、军事实力的意图。

2. 阅读材料

(1)对鸦片战争失败原因的认真反省，既认识到了中国的落后，承认西方列强有其"长技"，同时又没有丧失反抗列强侵略的勇气，认为中国只要把列强的"长技"学到手，就一定能打败侵略者。正是基于这两方面的认识，提出了"师夷之长技以制夷"的思想。这一思想后来成了向西方学习的思

想源头,在中国近现代思想史上占有非常重要的地位,也具有十分重要的历史意义

(2)先进性:19 世纪 60—90 年代,以“师夷长技以自强”为旗帜,进行了长达 30 多年的洋务运动。创办近代学堂,是文化教育领域中前所未有的事物,培养了一批翻译、军事和科技人才,在沟通近代中西文化交流和学习西方近代科技方面,打开了窗口。洋务派有计划地向西方国家派遣留学生。据统计,洋务运动期间共派出留学生 200 多名。这些留学生不但学习到了外国语言文字和近代自然科学、军事技术以及某些社会科学知识,而且得以了解西方资本主义国家的社会情况。他们中的不少人,在以后的政治、军事、外交和经济文化活动中发挥了积极的作用,如詹天佑、严复等。局限性:清末提出这个口号只是一些不甘受辱的人士的想法,但没有配套制度,得不到上层的支持,最终也只是局限于一个小的范围和层次。

五、延伸阅读

洪秀全《原道醒世训》

从来福大则量大,量大则为大人;福小则量小,量小则为小人。是以泰山不辞土壤,故能成其高;河海不择细流,故能就其深;王者不却众庶,故能成其德。凡此皆量为之也。无如时至今日,亦难言矣!世道乖漓,人心浇薄,所爱所憎,一出于私。故以此国而憎彼国,以彼国而憎此国者有之。甚至同国以此省此府此县而憎彼省彼府彼县,以彼省彼府彼县而憎此省此府此县者有之。更甚至同省府县以此乡此里此姓而憎彼乡彼里彼姓,以彼乡彼里彼姓而憎此乡此里此姓者有之。世道人心至此,安得不相凌相夺相斗相杀而沦胥以亡乎!无他,其见小,故其量小也。其以此国而憎彼国,以彼国而憎此国者,其见在国,国以外则不知,故同国则爱之,异国则憎之。其以此省此府此县而憎彼省彼府彼县,以彼省彼府彼县而憎此省此府此县者,其见在省府县,省府县以外则不知,故同省同府同县则爱之,异省异府异县则憎之。其以此乡此里此姓而憎彼乡彼里彼姓,以彼乡彼里彼姓而憎此乡此里此姓者,其见在乡里姓,乡里姓以外则不知,故同乡同里同姓则爱之,异乡异里异姓则憎之。天下爱憎如此,何其见未大而量之不广也。遐想唐、虞、三代之世,天下有无相恤,患难相救,门不闭户,道不拾遗,男女别涂,举选尚德。尧、舜病博施,何分此土彼土;禹、稷忧溺饥,何分此民彼民;汤、武伐暴除残,何分此国彼国;孔、孟殆车烦马,何分此邦彼邦。盖实见夫天下凡间,分言之,则有万国,统言之,则实一家。

皇上帝天下凡间大共之父也，近而中国是皇上帝主宰化理，远而番国亦然；远而番国是皇上帝生养保佑，近而中国亦然。天下多男人，尽是兄弟之辈，天下多女子，尽是姊妹之群，何得存此疆彼界之私，何可起尔吞我并之念。是故孔丘曰："大道之行也，天下为公，选贤与能，讲信修睦。故人不独亲其亲，不独子其子，使老有所终，壮有所用，幼有所长，鳏寡孤独废疾者皆有所养。男有分，女有归。货恶其弃于地也，不必藏于己；力恶其不出于身也，不必为己。是故奸邪谋闭而不兴，盗窃乱贼而不作，故外户而不闭，是谓大同。"而今尚可望哉！然而乱极则治，暗极则光，天之道也。于今夜退而日升矣。唯愿天下凡间我们兄弟姊妹跳出邪魔之鬼门，循行上帝之真道，时凛天威，力遵天诫，相与淑身淑世，相与正己正人，相与作中流之砥柱，相与挽已倒之狂澜。行见天下一家，共享太平，几何乖离浇薄之世，其不一旦变而为公平正直之世也！几何陵夺斗杀之世，其不一旦变而为强不犯弱，众不暴寡，智不诈愚，勇不苦怯之世也！在《易》，同人于野则亨，量大之谓也；同人于宗则吝，量小之谓也。况量大则福大，而人亦与之俱大；量小则福小，而人亦与之俱小。凡有血气者，安可伤天地之和，而贻井底蛙之诮哉！诗云：

上帝原来是老亲，水源木本急寻真；
量宽异国皆同国，心好天人亦世人。
兽畜相残还不义，乡邻互杀断非仁；
天生天养和为贵，各自相安享太平。

李鸿章《筹议海防折》(节选)

同治十三年十一月初二日(1874 年 12 月 10 日)奏为钦奉谕旨，详细筹议海防紧要应办事宜，恭摺密陈，仰祈圣鉴事：同治十三年九月二十九日(1874 年 11 月 7 日)承准军机大臣密寄："奉上谕：'总理各国事务衙门奏，海防亟宜切筹，将紧要应办事宜，撮叙数条，请饬详议一摺。沿江沿海防务，经总理各国事务王大臣并存该将军、督抚等随时筹划，而备御究未可恃。亟应实力讲求，同心筹办，坚苦贞定，历久不懈，以纾目前当务之急，以裕国家久远之图。该王大臣所陈练兵、简器、造船、筹饷、用人、持久各条，均系紧要机宜。著李鸿章等详细审议，将逐条切实办法，限于一月内覆奏。此外别有要计，亦即一并奏陈，不得以空言塞责'等因。钦此。"旋又准总理衙门钞奏知照，以丁汝昌续拟海洋水师章程六条，请饬汇入该衙门前奏，一并妥筹覆奏。奉朱批："依议。钦此。"仰见朝廷思患预防力图自强之至意，钦服莫名。臣查各国条约已定，断难更改。江海各口，门户洞开，已为我与敌人公共之地。无事则同居异心，猜嫌既属难免；有警则我虞尔诈，措置更不易周。值此时局，似觉防无可防矣。唯交涉之事日繁，彼族恃强要挟，在在皆可生衅。自有洋务以来，叠次办结之案，无非委曲将就。至本年日本兴兵台湾一事，经总理衙门王大臣与该使多方开谕，几于管秃唇焦，犹赖圣明主持于上，屡饬各疆臣严密筹防，调兵集船，购利器，筑炮台，一时并举，虽未即有把握，而虚声究已稍壮。该酋外怵公论，内慑兵威，乃渐帖耳就款，于国体民情尚无窒碍，未必非在事诸臣挽救之力。臣于台事初起时，即缄商总理衙门，谓明是和局而必阴为战备，庶和可速成而经久。洋人论势不论理，彼以兵势相压，我第欲以笔舌胜之，此必不得之数也。夫临事筹防，措手已多不及；若先时备豫，倭兵亦不敢来，乌得谓防务可一日缓哉！兹总理衙门陈请六条，目前当务之急与日后久远之图，业经综括无遗，洵为救时要策。所未易猝办者，人才之难得、经费之难筹、畛域之难化、故习之难除，循是不改，虽日事设防，犹画饼也。然则今日所急，唯在力破成见以求实际而已。何以言之？历代备边多在西北，其强弱之势、客主之形皆适相埒，且犹有中外界限。今则东南海疆万余里，各国通商传教，来往自如，聚集京师及各省腹地，阳托和好之名，阴怀吞噬之计，一国生事，诸国构煽，实为数千年来未有之变局。轮船电报之速，瞬息千里！军器机事之精，工力百倍；炮弹所到，无坚不摧，水陆关隘，不足限制，又为数千年来未有之强敌。外患之乘，变幻如此，而我犹欲以成法制之，譬如医者疗疾不问何症，概投之以古方，诚未见其效也。庚申(咸丰十年，1860年)以后，夷势骎骎内向，薄海冠带之伦，莫不发愤慷慨，争言驱逐。局外之訾议，既不悉局中之艰难；及询以自强何术？御侮何能？则茫然靡所依据。自古用兵未有不知己知彼而能决胜者，若彼之所长己之所短尚未探讨明白，但欲逞意气于孤注之掷，岂非视国事如儿戏耶！臣虽愚闷，从事军中十余年，向不敢畏缩，自甘贻忧君父。唯洋务涉历颇久，闻见稍广，于彼己长短相形之处，知之较深。而环顾当世饷力人才实有未逮，又多拘于成法，牵于众议，虽欲振奋而末由。易曰："穷则变，变则通。"盖不变通则战守皆不足恃，而和亦不可久也。谨就总理衙门原议，逐条详细筹拟切实办法，附以管见；略为引申。丁日昌所陈间有可采，一并汇入核拟，以备刍荛之献。仍请敕下在廷王大臣详晰谋议，请旨定夺。总之，居今日而欲整顿海防，舍变法与用人，别无下手之方。伏愿我皇上顾念社稷生民之重，时势艰危之极，常存歉然不自足之怀，节省冗费，讲求军实，造就人才，皆不必拘执常例；而尤以人才为亟要，使天下有志之士无不明于洋务，庶练兵、制器、造船各事可期逐渐精强。积诚致行，尤需岁月迟久乃能有济。目前固须力保和局，即将来器精防固，亦不宜自我开衅。所有遵旨详议缘由，谨缮摺密陈，并将议覆各条，缮具清单，恭呈御览。伏乞皇上圣鉴训示。谨奏。

六、参考文献

[1] 李侃，等. 中国近代史. 北京：中华书局，1979.
[2] 凤晨，赵矢元. 中国近代史. 沈阳：辽宁人民出版社，1983.
[3] 胡绳. 从鸦片战争到“五四运动”. 北京：人民出版社，1980.
[4] 苑书义. 中国近代史新编. 北京：人民出版社，1986.
[5] 严中平，等. 中国近代经济史统计资料选辑. 北京：人民出版社，1989.
[6] 国史学会. 洋务运动. 上海：神州国光社，1953.
[7] 李时岳，等. 从闭关到开放. 北京：人民出版社，1988.

专题三

新兴资产阶级为建立近代民主社会而奋斗的两种救国方案

一、教学目的与要求

通过本专题教学使学生对民族资产阶级对国家出路的探索有清晰的把握。对维新变法概况有所了解,包括背景、代表人物及其观点、内容、意义、失败的原因;对辛亥革命概况,包括思想、革命成功与失败、三民主义以及历史意义有客观的认识与评价。

二、教学内容提要

早期资产阶级改良派的思想主张反映了中国新兴的民族资产阶级要求独立发展资本主义及参与国家政权的愿望,为资产阶级维新运动做了理论上的准备。辛亥革命是近代中国第一次伟大的历史性巨变,就是因为它是一场谋求民族独立、国家富强的资产阶级民主革命。它顺应了时代的需要,具有不可辩驳的进步性。它结束了统治中国两千多年的封建君主专制统治,为中国的进步打开了闸门。然而,辛亥革命的胜利是有限的,它没有能改变中国半殖民地半封建的地位,事实证明,资产阶级民主共和方案不能救中国,这是辛亥革命留给我们最深刻的历史经验。

三、重点问题解析

(一)如何评价维新运动

19 世纪末叶的戊戌维新运动,是中国近代历史上的一个重大事件。它既是一次振聋发聩的思想解放运动,又是一次惊世骇俗的政治改革运动,引起了深刻的社会震荡,标志着中国资产阶级开始走上历史舞台。

关于戊戌维新运动的性质、历史地位和作用：

关于戊戌维新运动的性质，学术界的观点有四：第一，认为戊戌维新变法是资产阶级改良主义运动。这种观点认为：维新派是刚刚“从地主官僚转化来的资产阶级代表者”，“主要是半封建半资本主义的知识分子，国内新式企业的创办者，不满现状的中小官吏和地方绅士”，“这些人不是当权派，又要求发展资本主义”，一方面和封建势力有矛盾，另一方面又和封建势力有千丝万缕的联系，希望改变现状，但无革命要求，因而“只能选择在他们看来是最可行的改良主义道路”。从内容上看，维新派的斗争目标虽然要求进行某些资产阶级性质的改良，发展资本主义，但并没有真正触动封建地主阶级的统治基础；从斗争方式来看，维新派竭力主张用非暴力的、和平的、自上而下的手段，在旧有的基础上加以改革，而不是把旧有的一套全部取消，建立新兴的资产阶级所领导的政权，而且远离群众，尤其害怕农民的暴力革命；从思想上看，他们鼓吹渐变，反对突变，只承认量变，不承认质变。第二，认为戊戌维新运动是一次失败了的、不彻底的资产阶级革命，是资产阶级夺权的尝试。这种观点认为：戊戌变法是一次失败了的不彻底的资产阶级革命。因为变法要求发展资本主义生产，也要求改变生产关系和上层建筑，用资产阶级君主立宪民主制度代替封建专制制度，主要用和平手段，但也不排除使用暴力，效法日本的明治维新。“百日维新”是资产阶级暂时、部分地获得政权，不失为一次资产阶级夺取政权的尝试。说变法是改良主义的并不正确。第三，认为戊戌变法既不是严格意义上的资产阶级革命，也不应被视为改良主义，而应称为改革或改良。这种观点认为：维新运动不赞成自下而上的改革方式，反对“乱民”暴乱，不赞成推翻帝国主义的走狗、封建主义的集中代表——清王朝，不赞成资产阶级革命运动。资产阶级维新派所主张的变法是要改变当时半封建半殖民地的旧制度，着眼点是整个之制度的改革，与主张阶级调和的“改良主义”是有本质区别的。第四，认为戊戌维新运动是带有某些资产阶级思想倾向的士大夫知识分子与封建统治阶级总代表光绪皇帝相结合的、以救亡图存为宗旨的民族自强运动，其性质是带有资本主义倾向的地主阶级改革。

关于戊戌维新运动的历史地位和作用，学术界的观点主要有五：第一，认为戊戌变法在当时的历史条件下具有进步意义，但改良主义在本质上具有反动性，对已经沦为半殖民地半封建的中国来说，资产阶级改良主义是没有出路的。戊戌变法的历史作用具体表现在它以自己的失败，证明了改良主义道路是走不通的。第二，认为戊戌维新运动客观上起到促进资本主义发展的进步作用，但维新派主观上却是要为旧制度注入新的“生机”。第三，认为戊戌变法的历史作用是巨大的，它不是统治阶级修补封建庙堂的枝枝节节的小变，而是中国资产阶级拆毁封建主义庙堂的社会变革运动，是“民族觉醒的里程碑”。这表现为它为民族资本主义发展创造了有利条件，冲破了清政府的禁例，初步争得了言论、出版、结社等民主权利，促成了中国第一次思想解放潮流。第四，认为戊戌变法的历史作用主要表现在思想领域里的启蒙作用，“人们久处在封建闭塞的发霉气氛中，忽然从那里吹过来一股新鲜的气息，麻木不仁的头脑开始清醒过来了，僵硬的四肢逐渐动弹起来了。”专制独断的皇权思想，昏人神志的八股文章，以及桎梏性情的纲常伦理，这一切曾经是封建阶级麻醉和统治人民的武器，现在这些武器上也长了斑斑锈痕。人民不仅从戊戌政治运动中认清了反动派的凶恶面目，而且也从戊戌思想运动中吸取了精神解放的力量，把反帝反封建的斗争更加推向前进。第五，认为戊戌维新运动是中国近代化历程的重要阶段。戊戌维新运动首次从政治、经济、思想文化三个方面全面勾画出了资本主义近代化的蓝图，是在比较完整意义上的中国近代化的首次尝试。是君主立宪式的资产阶级民主革命的开端，它加速了中国走出东方“中世纪”的历史进程。

此外，20 世纪 90 年代以后，受文化评价中“保守主义”思潮的影响，有学者认为：甲午战败，人们把失败的原因归结为洋务新政，这并没有找到问题的症结，反而陷入了一种精神误区，即“19 世纪末恐慌症”，指国人对甲午战后出现的民族危机的痛心与忧虑。该观点认为：19 世纪末中国根本不存在什么民族危机，当时中国经过洋务运动几十年的发展，已是亚洲最强大的国家。甲午战争所以败于日本，“只是由于清朝统治者的决策错误”，而不是“几十年来基于国策的战略错误”。本来战后中国人民应“隐忍一时之耻辱，更图一日之自强，卧薪尝胆，十年图报”，而戊戌维新派却“舍近求远，试图寻找某种终极原因，试图建立某种根本解决的方案”，为此，他们“不断地制造或夸大民族危机的舆论”，“李鸿章的政治对手”(指帝党和维新派)也“借机发难”，“有意识煽动爱国主义情绪”，这种煽动“可能正深藏着一部分不可告人的丑恶目的”。“正是从这个意义上说，甲午战争之后对洋务运动的检讨与批判，以及由此而引导的戊戌变法，实际上只是陷入了民族主义的误区，是基于民族情绪的张皇失措，是一个民族政治意识并不成熟的表现”。该观点还认为：当时头脑最清楚的人是慈禧太后和张之洞。慈禧太后“渴望中国的繁荣与富强”，“不是顽固的守旧派”。张之洞是“19 世纪末年中国变法改革思潮的积极推进者”。在该观点看来，康有为把中国引向激进主义的变法，后来又发展为更激进的革命，使中国延误了现代化的时机。

关于戊戌维新运动的性质问题与它的历史地位和作用，要看到它的爱国主义特点，即它是在民族危机空前严重的形势下发生的；要看到它对近代中国出路的探索，即它主张对封建制度“改弦更张”，用资产阶级君主立宪民主制度代替封建专制制度；要从它对变革手段的选择上，体会改良让位于革命的历史结论。

(二)为什么西方资产阶级能够领导民主革命取得胜利,而中国民族资产阶级就不行?

众所周知,在西方,资产阶级曾成功地领导了反封建的民主革命,并建立了资本主义现代国家;但是在近代中国,资产阶级却并未在本国完成西方资产阶级所从事过的事业,没有在中国确立起资产阶级的统治。其原因何在?这是因为,西方资产阶级与中国资产阶级产生、成长与发展的社会环境不同,以及由此造成的阶级性格不同。

1. 中国资产阶级革命的对象力量不但异常强大,而且残暴凶恶,是资产阶级革命取得胜利的最大的外在阻力。

在西方国家,资产阶级民主革命的对象是封建势力。在中国,民主革命的对象除了封建势力以外。还有外国侵略势力,即外国资本-帝国主义。外国资本-帝国主义到中国来的目的,不是为了使中国成为一个独立、富强的资本主义国家,而是为了掠夺中国来发展它们自己的资本主义。中国不过是它们竞相争夺的一块肥肉而已。对于它们来说,一个政治上、经济上不独立的地大物博、人口众多的半殖民地的中国,乃是一个极其广大的倾销商品的市场,一个理想的资本输出的对象,廉价原料、廉价劳动力的供应地。如果中国成为一个独立、富强的资本主义国家,它当然还会同西方发达国家打交道,同它们发展经济文化往来,但那时的中国将作为一个主权国家同它们在平等的基础上而不是如同半殖民地时期那样在不平等的基础上同它们建立和发展关系。这是它们所不能容忍的。它们既不愿意放弃在中国的殖民主义利益,更不愿意看到中国在国际市场上成为它们的一个强有力的竞争对手。毛泽东在总结中国近100年来的人民反侵略历史时指出:“帝国主义侵略中国,反对中国独立,反对中国发展资本主义的历史,就是中国的近代史。历来中国革命的失败,都是被帝国主义绞杀的,无数革命的先烈,为此而抱终天之恨。”

由于无力征服中国人民和无法调和它们在侵略中国过程中的矛盾,外国资本-帝国主义在中国实行的是间接统治。中国的大资产阶级和封建地主阶级成为它们统治中国的支柱。由于其代表的阶级利益极端狭隘,这些阶级同广大人民处于尖锐对立的地位。由于它们带有极强的买办性和封建性,这些所建立和把持的政权就具有露骨的专制独裁性质和反民主的倾向,是依靠赤裸裸的反革命暴力来维持的。

很显然,帝国主义和封建主义决不允许一个独立自由富强的中国出现,总是千方百计地以各种卑劣的手段破坏和扼杀资产阶级民主革命,因此,帝国主义和封建主义是资产阶级革命取得胜利的最大障碍,是在中国建立民主共和制度绊脚石。

2.“五四运动”后，中国无产阶级由于自己的长成和俄国革命的影响，已经迅速地变成了一个觉悟了的独立的政治力量，担当起领导民主革命的责任。

中国无产阶级人数虽不多，但却是先进生产力的代表，并且身受帝国主义、本国封建主义和资本主义的三重压迫，革命性最坚强、很彻底，是近代中国最先进的阶级。列宁认为，“在任何一个资本主义国家中，无产阶级的力量，要比无产阶级在人口中所占的比重大得多。这是因为无产阶级在经济上和政治上代表资本主义制度下绝大多数劳动者的真正利益”。这个观点原则上也适用于分析半殖民地中国的无产阶级。在中国，城市的地位虽不如资本主义国家那么重要，但相对于广大乡村来说，它仍然是政治、经济、文化的中心。由于中国无产阶级主要集中于沿海、沿江的中心城市和通商口岸，尤其是聚集在这些城市的大企业中，这种高度集中的特点有利于使他们形成强大的战斗力；同时，中国无产阶级大多数来自破产的农民，与农民有着天然的联系，便于结成工农联盟，与其他被压迫阶级也有着广泛的联系。因此，在中国，只有无产阶级及其政党才能代表广大农民及其他被压迫群众的根本利益，这种情况也使得他们有可能把绝大多数人团结在自己的周围。毛泽东指出：“中国没有单独代表农民的政党，民族资产阶级的政党没有坚决的土地纲领，因此，只有制订和执行了坚决的土地纲领。为农民利益而认真奋斗。因而获得最广大农民群众作为自己伟大同盟军的中国共产党，成了农民和一切革命民主派的领导者。”由于“五四运动”后无产阶级成为民主革命事实上的领导者，其终极政治理想是建立社会主义和共产主义社会制度，因此，资产阶级通过领导民主革命胜利以建立资本主义制度的愿望已不可能实现。

3.在主观上，中国资产阶级本身存在着不可克服的软弱性。

在西方资产阶级革命的时代，资本主义还处于上升时期，这个革命的对象主要是本国的封建势力。中国革命处于帝国主义和无产阶级革命的时代，这个革命的对象不仅有本国封建势力，还有外国帝国主义侵略势力，而且这两种势力还结合一起，前者是后者统治中国的社会基础，后者是前者的国际支柱。这就是说，中国民主革命的敌人远比西方资产阶级革命的敌人强大，中国资产阶级要领导这个革命达到胜利，它应当比当年的西方资产阶级更有力量，更具备革命的坚决性。而事实正好相反，它恰恰没有这样的力量，缺乏这样的斗争勇气。

中国的资产阶级分成了两部分：一部分是买办性的大资产阶级，它们是资产阶级的主体，由于依附于帝国主义，成为革命的对象。一部分是民族资产阶级，主要是中等资产阶级和上层小资产阶级，它们在革命中具有两面性。中国民族资产阶级所经营的主要是中等规模的资本主义经济，经济地位很脆弱，资本主义经济发展受到了多方面的阻碍。首先，是外国资本的压迫，由于外国资本在中国实行商品倾销并直接投资经营企业，致使中国的市场被它们的廉价商品所占领，民族工业由于规模小，技术设备落后，其产品无法与之竞争；其次，是买办资本、官僚资本的排挤，由于买办资本、官僚资本在国民经济许多部门占据垄断地位，它们的工业在资金、技术、设备、原材料供应等方面都具有极大的优势，民族工业很难与之抗衡；再次，是封建生产关系的束缚，由于占全国人口大多数的农民仍然受到封建地主土地所有制的束缚，农村生产力水平十分低下，农村购买力极其微弱，由此也就使得国内市场狭窄，轻工业原料供应不足，民族工商业的发展受到了极大限制；最后，是军阀官僚政府的压榨，由于反动政府征收苛重的捐税，实行经济统制政策和通货膨胀政策，更使得经营民族工商业获利困难，而陷入危机。正是基于对中国民族资本主义经济状况的科学分析，毛泽东对中国民族资产阶级的政治品格给予了深刻的揭示："由于中国民族资产阶级是殖民地半殖民地国家的资产阶级，是受帝国主义压迫的，所以，虽然处在帝国主义时代，他们也还是在一定时期中和一定程度上，保存着反对外国帝国主义和本国官僚军阀（这后者，例如在辛亥革命时期和北伐战争时期）的革命性，可以同无产阶级、小资产阶级联合起来，反对他们所愿意反对的敌人。这是中国资产阶级和旧俄帝国的资产阶级的不同之点。在旧俄帝国，因为它已经是一个军事封建的帝国主义，是侵略别人的，所以俄国的资产阶级没有什么革命性。"与此同时，他又指出，也正由于中国民族资产阶级是殖民地半殖民地的资产阶级，"他们在经济上和政治上是异常软弱的，他们又保存了另一种性质，即对于革命敌人的妥协性"。中国的民族资产阶级，即使在革命时，也不愿意同帝国主义完全分裂，并且他们同农村中的地租剥削有密切联系，因此，他们就不愿和不能彻底推翻帝国主义，更加不愿和更加不能彻底推翻封建势力。这样，中国资产阶级民主革命的两个基本问题，两大基本任务，中国民族资产阶级都不能解决。历史已经证明，半殖民地中国的民族资产阶级过于软弱，它没有能力领导人民赢得反帝反封建革命的胜利。

（三）维新变法对近代中国带来了哪些影响

戊戌变法作为近代中国一次比较完全意义上的改革运动，虽然被西太后扼杀了，但也为13年之后爆发的辛亥革命打下了思想基础。

第一，推动了清政府的自我改革。1900年八国联军入侵，西太后带着光绪逃到西安，这给慈禧以惨痛教训。签订《辛丑和约》后，西太后下令实行新政，其内容有编练新军；废科举，建学堂；奖励民办工厂；改革法制；派五大臣出洋考察，预备立宪；成立咨政院、咨议局等。其中有些改革政策已经超出了当年维新变法的内容。

第二，激起了民众对满清政府的愤恨，推动知识分子由维新向革命转化。戊戌政变失败后，支持孙中山革命的人增多了，不少对清政府抱有幻想的知识分子转变为革命党人。

第三，推动了中国的思想解放运动。①变法理论更加深入人心。人们普遍认为，不变没有出路，变是古今通理，中国还应该大变、全变。②民主思想进一步传播。维新派只敢讲"民权"，承认人民有参与管理政治的权利，但是不敢讲"民主"，不肯承认人民是国家和社会的主人。戊戌维新之后，民主思潮就充分发展起来了。③激起了新一轮向西方寻求救国真理的热潮。戊戌维新失败后，更多的年轻人出国留学，更多的西方学说被译介到中国，中国的思想界更为活跃。

第四，成为五四新文化运动的前奏。戊戌维新后，新式文化事业勃兴，国内出现办学热，创办新式报刊热，出版新书热。戊戌时期，维新派为了对人民进行"启蒙"，曾提倡白话文和"小说界革命"。维新运动失败后，白话报刊更多出现，白话文得到更多提倡。除"小说界革命"外，维新派继续倡导"诗界革命"、"曲界革命"、"思想革命"、"道德革命"、"宗教革命"以至"史学革命"。这些，都开启了五四新文化运动的先河。所以，严格地说，中国现代的新文化运动是从戊戌时期开始的。另外，维新运动促进了中国近代社会风俗的改革，提倡废除中国传统陋俗，如女子裹足，不能劳动；辫发长垂，不利于机器生产；宽衣博带，长裙雅步，不便于万国竞争的时代，请求放足、断发、易服以便于"与欧美同俗"，这就把变衣冠作为学习西方文明的一项重要内容，具有开启民智的意义。

四、强化训练与参考答案

(一)单项选择题

1. 下列各项中，不属于 1901 年清政府实行的"新政"内容是(　　)

A. 派遣留学生　　B. 裁撤军机处

C. 编练新军　　D. 奖励实业

2. 1903 年 6 月，(　　)在上海《苏报》发表《驳康有为论革命书》，批驳康有为所谓"中国之可立宪，不可革命"的谬论

A. 陈天华　　B. 邹容

C. 章炳麟　　D. 梁启超

3. 1903 年邹容写的(　　)是中国近代史上第一部宣传革命和资产阶级共和国思想的著作

A.《猛回头》　　B.《警世钟》

C.《革命军》　　D.《驳康有为论革命书》

4. 中国近代第一个资产阶级革命政党是(　　)

A. 强学会　　B. 兴中会

C. 同盟会　　D. 国民党

5. 同盟会的机关刊物是(　　)

A.《民报》　　B.《新民丛报》

C.《苏报》　　D.《国民报》

6. 孙中山三民主义思想的核心是(　　)

A. 驱除鞑虏　　B. 恢复中华

C. 创立民国　　D. 平均地权

7. 1905 年 11 月,孙中山在《民报》发刊词中将中国同盟会的政治纲领概括为(　　)

A. 创立民国、平均地权　　B. 驱除鞑虏、恢复中华、创立合众政府

C. 民族主义、民权主义、民生主义　　D. 联俄、联共、扶助农工

8. 武昌起义前同盟会领导的影响最大的武装起义是(　　)

A. 广州起义　　B. 萍浏醴起义

C. 镇南关起义　　D. 黄花岗起义

9. 辛亥革命爆发前,长期深入湖北新军做宣传组织工作的是(　　)

①日知会 ②兴中会 ③文学社 ④同盟会 ⑤共进会 ⑥保路同志会

A. ①⑤　　B. ④⑥

C. ③④　　D. ③⑤

10. 武昌起义的导火线是(　　)

A. 黄花岗起义　　B. 萍浏醴起义

C. 保路运动　　D. 广州起义

11. 1912 年 1 月 1 日,孙中山在(　　)宣誓就职,宣告中华民国正式成立

A. 北京　　B. 南京

C. 广州　　D. 上海

12. 中国历史上第一部具有资产阶级共和国宪法性质的法典是(　　)

A.《钦定宪法大纲》　　B.《中华民国临时约法》

C.《中华民国约法》　　D.《试训政纲领》

13. 中华民国元年是(　　)

A. 1910 年　　B. 1911 年

C. 1912 年　　D. 1913 年

14. 辛亥革命取得的最大成就是(　　)

A. 推翻了封建帝制　　B. 促进了资本主义的发展

C. 使人民获得了一些民主自由权利　　D. 打击了帝国主义的殖民势力

15. 下列关于辛亥革命历史意义的表述,不正确的一项是(　　)

A. 推翻了清王朝,结束了中国两千多年的封建制度

B. 打击了帝国主义侵略势力,使其难以在中国建立稳定的统治秩序

C. 为民族资本主义的发展创造了条件

D. 使民主共和观念深入人心

(二)多项选择题

1.《辛丑条约》的签订,标志着(　　)

A. 清政府政府彻底放弃了抵抗外国侵略者的念头

B. 清政府政府甘当"洋人的朝廷"

C. 国人对清政府更为失望

D. 中国半殖民地半封建社会的格局基本形成

2. 清末"新政"的内容包括(　　)

A. 设立商部、学部、巡警部等中央行政机构

B. 裁撤绿营,建立新军

C. 颁布商法商律,奖励工商

D. 颁布新的学制

3. 20世纪初,在民主革命思想传播过程中建立的资产阶级革命团体有(　　)

A. 华兴会　　B. 光复会

C. 兴中会　　D. 同盟会

4. 20世纪初,传播民主革命思想的书籍纷纷涌现,其中包括(　　)

A.《革命军》　　B.《猛回头》《警世钟》

C.《变法通议》　　D.《驳康有为论革命书》

5. 20世纪初,宣传资产阶级民主革命思想的主要人物有(　　)

A. 康有为　　B. 章炳麟

C. 邹容　　D. 陈天华

6. 同盟会的政治纲领是(　　)

A. "驱除鞑虏,恢复中华,创立民国,平均地权。"

B. 民族主义　　C. 民权主义

D. 民生主义

7. 中国同盟会纲领中涉及的问题有(　　)

A. 推翻满洲贵族的统治　　B. 建立资产阶级共和国

C. 驱逐占据中国的帝国主义势力　　D. 提出了资本主义的土地纲领

8. 1905—1907 年间，资产阶级革命派与改良派论战的主要议题是(　　)

A. 要不要以革命手段推翻清王朝　　B. 要不要推翻帝制，实行共和

C. 要不要社会革命　　D. 要不要废科举和兴西学

9. 策划武昌起义的革命党领导人是(　　)

A. 黄兴　　B. 黎元洪

C. 蒋翊武　　D. 孙武

10.《临时约法》的内容包括(　　)

A. 中华民国主权属于国民全体

B. 人民享有各项权利

C. 实行总统制，总统有行政、立法、司法权

D. 国家体制实行内阁制

11. 南京临时政府的局限性表现为(　　)

A. 承认清政府与列强所订的一切不平等条约和一切外债有效

B. 没有提出任何可以满足农民土地要求的政策和措施

C. 维护封建土地制度以及官僚、地主所占有的土地财产

D. 主体是资产阶级革命派

12. 为了防范袁世凯的独裁野心，1912 年 2 月 14 日，临时大总统孙中山在给临时参议院的辞职咨文中提出辞职的附加条件是(　　)

A. 袁世凯承认共和

B. 临时政府设在南京

C. 新总统到南京就职

D. 新总统要遵守《中华民国临时约法》

13. 南京临时政府成立后，帝国主义列强对它采取的孤立和敌视政策是(　　)

A. 公然要挟清政府派兵镇压　　B. 不承认南京临时政府

C. 增派军队进行武力威胁　　D. 扣留中国海关税收

14. 辛亥革命失败后，资产阶级革命派为挽救革命成果而进行的斗争主要有(　　)

A. 二次革命　　B. 护国运动

C. 护法运动　　D. 保路风潮

15. 袁世凯篡夺辛亥革命胜利果实的主要原因是(　　)

A. 帝国主义和国内封建势力的支持　B. 袁世凯拥有强大的军事力量

C. 袁世凯假意赞成共和　D. 资产阶级的软弱性

16. 以袁世凯为首的北洋军阀投靠帝国主义的表现为(　　)

A. 出卖路权、矿权，大肆借款，并签订众多不平等条约

B. 与列强签订“善后大借款”合同，使列强控制和监督中国财政

C. 基本接受日本提出的严重损害中国权益的“二十一条”

D. 以各种手段兼并土地，对农民征收苛捐杂税

17. 袁世凯死后，北洋军阀分裂为(　　)

A. 皖系　B. 直系

C. 奉系　D. 桂系

18. 得到日本支持的军阀有(　　)

A. 段祺瑞　B. 冯国璋

C. 张作霖　D. 黎元洪

(三)辨析题

1. 辛亥革命胜利了又失败了。

2. 有人说戊戌变法是一次资产阶级性质的改良运动，又是一次爱国救亡的政治运动，还是一次思想解放潮流。

3. 辛亥革命是一次比较完全意义上的资产阶级民主革命。

4.《中华民国临时约法》是中国历史上第一部具有资产阶级共和国宪法性质的法典。

5. 戊戌维新运动是一场资产阶级性质的经济体制改革运动。

(四)综合问答题

1. 如何认识戊戌维新运动的意义和失败的原因、教训？

2. 革命派和改良派论战中是如何论述革命的必要性、正义性、进步性的？

3. 为什么说孙中山领导的辛亥革命引起了近代中国的历史性巨大变化？

4. 试述辛亥革命是一次完全意义上的资产阶级民主革命。

(五)材料分析题

1. 以下是一组维新运动时期的言论：

材料1：张之洞说：“民权之说，无一益而有百害。”“无益者一：将立议院

欤？中国士民至今安于固陋者尚多，环球之大势不知，国家之经制不晓，外国兴学、立政、练兵、制器之要不闻，即聚胶胶扰扰之人于一室，明者一，暗者百，游谈呓语，将焉用之？且外国筹款等事重在下议院，立法等事重在上议院，故必家有中资者乃得举议员。今华商素鲜巨资，华民又无远志，议及大举筹饷，必皆推诿默息，议与不议等耳。”

材料2：谭嗣同说："生民之初，本无所谓君臣，则皆民也。民不能相治，亦不暇治，于是共举一民为君。""夫曰共举之，则因有民而后有君；君末也，民本也。"

材料3：严复说："国者，斯民之公产也。王侯将相者，通国之公仆隶也。"

请回答：

(1)张之洞为何认为民权无益？

(2)参考材料2、3，说明维新派在政治体制改革方面的立场何在？

(3)结合材料1、2、3，说明维新派和守旧派论战的实质是什么？

2. 阅读以下材料

材料1：自从1840年鸦片战争失败那时起，先进的中国人，经过千辛万苦，向西方国家寻找真理。洪秀全、康有为、严复和孙中山，代表了在中国共产党出世以前向西方寻找真理的一派人物。那时，求进步的中国人，只要是西方的新道理，什么书也看。向日本、英国、美国、法国、德国派遣留学生之多，达到了惊人的程度。国内废科举，兴学校，好像雨后春笋，努力学习西方。我自己在青年时期，学的也是这些东西。这些是西方资产阶级民主主义的文化，即所谓新学，包括那时的社会学说和自然科学，和中国封建主义的文化即所谓旧学是对立的。学了这些新学的人们，在很长的时期内产生了一种信心，认为这些很可以救中国，除了旧学派，新学派自己表示怀疑的很少。要救国，只有维新，要维新，只有学外国。那时的外国只有西方资本主义国家是进步的，它们成功地建设了资产阶级的现代国家。日本人向西方学习有成效，中国人也想向日本人学。在那时的中国人看来，俄国是落后的，很少人想学俄国。这就是19世纪40年代至20世纪初期中国人学习外国的情形。——毛泽东：《论人民民主专政》(1949年6月30日)

材料2：在救亡图存运动中，一些先进的中国人曾经把目光转向西方寻求救国救民的道路，在中国发动资产阶级民主革命。1911年中国民主革命的先行者孙中山先生领导的辛亥革命，终结了统治中国两千多年的君主专制制度。但是，辛亥革命后试图模仿西方民主制度模式建立的资产阶级共和国，包括议会制、多党制等，并没有实现中国人民要求独立、民主的迫切愿望，很快就在中外各种反动势力的冲击下归于失败。时人悲愤地感叹道："无量头颅无量血，可怜购得假共和。"中国人民仍然处于被压迫、被奴役、被剥削的悲惨境地。中国的出路在哪里？中国人民在黑暗中思考着、摸索着、奋斗着。——中华人民共和国国务院新闻办公室：《中国的民主政治建设》(2005 年 10 月 19 日)

请根据以上材料思考下列问题：

1. 试比较康有为、孙中山"向西方寻找真理"的途径和选择有何不同。
2. "日本人向西方学习有成效，中国人也想向日本人学"反映的是哪一派政治人物的主张？他们的主张是怎样实践的？结局如何？
3. 为什么说辛亥革命"没有实现中国人民要求独立、民主的迫切愿望"？

参考答案

(一)单项选择题

1. B　2. C　3. C　4. C　5. A　6. C　7. C　8. D
9. D　10. C　11. B　12. B　13. C　14. A　15. B

(二)多项选择题

1. ABCD　2. ABCD　3. AB　4. ABD
5. BCD　6. ABCD　7. ABD　8. ABC
9. CD　10. ABD　11. ABC　12. BCD
13. BCD　14. ABC　15. ABCD　16. ABCD
17. ABC　18. AC

(三)辨析题

1. 辛亥革命胜利了又失败了。

参考答案：对。辛亥革命胜利了是指辛亥革命推翻了统治中国 260 多年的清王朝，结束了延续两千多年的封建君主专制制度，建立了资产阶级共和国。辛亥革命失败是指由于资产阶级革命派软弱妥协，使袁世凯篡夺了中华民国临时政府的权力，中华民国名存实亡，中国的社会性质仍然是半殖民地半封建社会。辛亥革命没有完成反帝反封建的民主革命任务。

2. 有人说戊戌变法是一次资产阶级性质的改良运动，又是一次爱国救亡的政治运动，还是一次思想解放潮流。

参考答案：对。既是一次资产阶级性质的改良运动，又是一次爱国救亡的政治运动，还是一次思想解放潮流。

3. 辛亥革命是一次比较完全意义上的资产阶级民主革命。

参考答案：对。辛亥革命以第一个资产阶级革命政党——同盟会为领导；有第一个资产阶级民主革命纲领——三民主义作为思想指导；通过革命推翻了清王朝，建立了第一个资产阶级性质的政权——南京临时政府；颁布了第一部具有资产阶级共和国宪法性质的法律——《中华民国临时约法》。所以辛亥革命是一次比较完全意义上的资产阶级民主革命。

4.《中华民国临时约法》是中国历史上第一部具有资产阶级共和国宪法性质的法典。

参考答案：对。《中华民国临时约法》规定，"中华民国之主权，属于国民全体"，而"以参议院，临时大总统，国务员，法院行使其统治权"。《中华民国临时约法》规定，增设国务总理，作为政府首脑。内阁辅佐临时大总统，为行政机关，行使行政权；增设立法院，行使司法权，参议院为立法机关，行使立法权，参议院还有弹劾大总统和国务员的权利。《中华民国临时约法》还规定，中华民国国民一律平等，享有人身，财产，机会，结社，出版，言论等自由，享有请愿，陈述，考试，选举和被选举等民主权利。这样，《中华民国临时约法》以根本大法的形式废除了两千年来的封建君主专制制度，确认了资产阶级共和国的政治制度。因此，它是中国历史上第一部具有资产阶级共和国宪法性质的法典。

5. 戊戌维新运动是一场资产阶级性质的经济体制改革运动。

参考答案：错。戊戌维新是一场资产阶级性质的改良运动。

(四)综合问答题

1. 如何认识戊戌维新运动的意义和失败的原因、教训？

答：(1)太平天国农民战争的意义：太平天国起义虽然失败了，但它具有不可磨灭的历史功绩和重大的历史意义。

第一，太平天国起义沉重打击了封建统治阶级，强烈震撼了清政府的统治根基，加速了清王朝的衰败过程。

第二，太平天国起义是旧式农民战争的最高峰，具有不同以往农民战争的新的历史特点。

第三，太平天国起义还冲击了孔子和儒家经典的正统权威，这在一定程度上削弱了封建统治的精神支柱。

第四，太平天国起义还有力地打击了外国侵略势力，给了侵略者应有的教训。

第五，在 19 世纪中叶的亚洲民族解放运动中，太平天国起义是其中时间最久、规模最大、影响最深的一次,他和亚洲国家的民族解放运动汇合在一起,冲击了西方殖民主义者在亚洲的统治。

(2)太平天国农民战争失败的原因:A. 从主观上看:第一,农民阶级不是新的是生产力和生产关系的代表。他们无法克服小生产者所固有的阶级局限性,因而无法从根本上提出完整的正确的政治纲领和社会改革方案。无法制止和克服领导集团自身腐败现象的滋长,也无法长期保持领导集团的团结,削弱了太平天国的向心力和战斗力。第二,太平天国是以宗教来组织发动群众的,但是拜上帝教不是科学的思想理论,它不仅不能正确指导战争,而且给农民战争带来了危害。第三,太平天国也没能正确对待儒学。第四,太平天国不能把西方国家的侵略者与人民群众区别开来,对西方侵略者还缺乏理性的认识。B. 从客观上看:中外反动势力勾结起来,联合镇压太平天国。

(3)太平天国农民战争失败的教训:太平天国起义及其失败表明,在半殖民地半封建的中国,农民具有伟大的革命潜力。但它自身不能担负起反帝反封建取得胜利的重任,单纯的农民战争不可能完成争取民族独立和人民解放的历史重任。

2. 革命派和改良派论战中是如何论述革命的必要性、正义性、进步性的?

答:1905—1907 年间,围绕中国究竟是采取革命手段还是改良方式这个问题,革命派与改良派分别以《民报》、《新民丛报》为主要舆论阵地,展开了一场大论战。革命派在论战中论述了革命的必要性、正义性、进步性。

第一,清政府是帝国主义的“鹰犬”,因此,爱国必须革命。只有通过革命,才能“免瓜分之祸”,获得民族独立和社会进步。

第二,进行革命固然有牺牲,但是,不进行革命,而容忍清王朝在中国的统治,中国人民就不能免除痛苦和牺牲。革命虽不免流血,但可“救世救人”,是疗治社会的良药。

第三,人们在革命过程中所付出的努力,乃至做出的牺牲,是以换取历史进步为补偿的。革命本身正是为了建设,破坏与建设是革命的两个方面。

3. 为什么说孙中山领导的辛亥革命引起了近代中国的历史性巨大变化?

答:辛亥革命是资产阶级领导的以反对君主专制制度、建立资产阶级共和国为目的的革命,是一次比较完全意义上的资产民主革命。在近代历史上,辛亥革命是中国人民救亡图存、振兴中华而奋起革命的一个里程碑,它使中国发生了历史性巨变。

第一,辛亥革命推翻了封建势力的政治代表、帝国主义在中国的代理人——

清王朝的统治，沉重地打击了中外反动势力，使中国反动统治者在政治上乱了阵脚。

第二，辛亥革命结束了统治中国两千多年的封建君主专制制度，建立了中国历史上第一个资产阶级共和政府。

第三，辛亥革命给人们带来一次思想上的解放。

第四，辛亥革命促使社会经济、思想习惯和社会风俗等方面发生了新的积极变化。

第五，辛亥革命不仅在一定程度上打击了帝国主义的侵略势力，而且推动了亚洲各国民族解放运动的高涨。

4.论述辛亥革命是一次完全意义上的资产阶级民主革命。

答：第一，辛亥革命有一个全国性的统一的资产阶级革命政党的领导。1905年建立了中国历史上第一个资产阶级革命政党——中国同盟会。同盟会有自己的章程，有明确的革命宗旨和一套比较健全的组织机构，并在国内外成立支部。在斗争中同盟会的领导核心地位逐步确立，并对整个辛亥革命的进程产生了巨大的影响，这是以往的革命组织所无法比拟的。

第二，辛亥革命有一套比较完整的资产阶级民主主义革命纲领的指导。辛亥革命提出了系统的反映资产阶级政治要求的“民族、民权、民生”三民主义政纲，它是中国近代第一个较完整的、明确的资产阶级民主革命纲领。它比较全面地反映了中国半殖民半封建的主要矛盾，并在长期斗争的基础上建立了资产阶级共和国。

第三，辛亥革命推翻了统治中国260多年的清王朝，结束了在中国延续2 000多年的君主专制制度，使中国人民的反封建斗争跨出了重大一步，这是辛亥革命的最大功绩。辛亥革命进一步传播了资产阶级民主思想，使民主共和观念深入人心，是中国人民在近百年的前进道路上经历的第一次历史性巨变。

第四，辛亥革命促进了中国民族资本主义经济的发展，使民族资本主义近代工业获得了显著的增长，中国工人阶级队伍得到壮大。

第五，辛亥革命有力地打击了帝国主义在中国的侵略势力，客观上有力地冲击了帝国主义在东方的殖民体系，对整个亚洲乃至全世界都产生了重大影响。辛亥革命尽管暴露出许多弱点和不足之处，但这些特点说明了它已达到中国旧民主主义革命的最高水平。所以说，辛亥革命是一次完全意义上的资产阶级民主革命。

（五）材料分析题

1. 阅读材料回答下列问题

（1）守旧派和洋务派要维护封建君主专制制度。

（2）要兴民权，设议院，实行君主立宪。

（3）实质是资产阶级思想与封建主义思想在中国的第一次正面交锋。

2. 阅读材料回答下列问题

（1）康有为对西方资本主义文明有了初步的了解，并试图以中国传统文化的外壳来宣传西学，以日本为楷模，走改良的道路；孙中山对西方资本主义文明有较全面的认识，主张以美国的民主政治为楷模，建立资产阶级民主共和国。

（2）反映的是以康有为为代表的维新派的政治主张。他们曾经以日本明治维新为楷模，在光绪帝的支持下，在中国发动了一场百日维新。由于封建守旧势力的阻挠和破坏以及资产阶级改良派自身力量的薄弱、策略的失误等原因致使维新变法运动以失败告终。

五、延伸阅读

胡锦涛在纪念辛亥革命100周年大会上讲话（节选）

100年前，以孙中山先生为代表的革命党人发动了震惊世界的辛亥革命，开启了中国前所未有的社会变革。今天，我们隆重纪念辛亥革命100周年，深切缅怀孙中山先生等辛亥革命先驱的历史功勋，就是要学习和弘扬他们为振兴中华而矢志不渝的崇高精神，激励海内外中华儿女为实现中华民族伟大复兴而共同奋斗。1840年鸦片战争以后，中国逐步成为半殖民地半封建社会，西方列强野蛮入侵，封建统治腐朽无能，国家战乱不已，人民饥寒交迫，中国人民和中华民族遭受了世所罕见的深重苦难。在那个内忧外患接踵而至的年代，一切关心国家和民族前途命运的人们无不痛切感到，要实现民族独立、人民解放和国家富强、人民富裕，就必须推翻封建专制统治，对中国社会进行根本变革。辛亥革命的爆发，是当时中国人民争取民族独立、振兴中华深切愿望的集中反映，也是当时中国人民为救亡图存而前赴后继顽强斗争的集中体现。孙中山先生是伟大的民族英雄、伟大的爱国主义者、中国民主革命的伟大先驱。孙中山先生站在时代前列，“适乎世界之潮流，合乎人群之需要”，大声疾呼“亟拯斯民于水火，切扶大厦之将倾”，高扬反对封建专制统治的斗争旗帜，提出民族、民权、民生的三民主义政治纲领，率先发出“振兴中华”的呐喊，希望推动中华民族摆脱封建专制统治和外国列强侵略，推动中国跟上世界发展进步的步伐、跻身世界先进行列。孙中山先生以自己的模范行动实现了“吾志所向，一往无前，愈挫愈奋，再接再厉”的誓言。在他领导和影响下，大批革命党人和无数爱国志士集聚在振兴中华旗帜之下，广泛传播革命思想，积极兴起进步浪潮，连续发动武装起义，有力推动了革命大势的形成。辛亥革命推翻了清王朝统治，结束了统治中国几千年的君主专制制度，传播了民主共和的理念，以巨大的震撼力和深刻的影响力推动了近代中国社会变革。虽然由于历史进程和社会条件的制约，辛亥革命没有改变旧中国半殖民地半封建的社会性质，没有改变中国人民的悲惨境遇，没有完成实现民族独立、人民解放的历史任务，但它开创了完全意义上的近代民族民主革命，极大地推动了中华民族的思想解放，打开了中国进步潮流的闸门，为中华民族发展进步探索了道路。孙中山先生和辛亥革命先驱为中华民族建立的历史功绩彪炳史册！在辛亥革命中英勇奋斗和壮烈牺牲的志士们永远值得中国人民尊敬和纪念！辛亥革命永远是中华民族伟大复兴征程上一座巍然屹立的里程碑！辛亥革命后，接受这场革命洗礼的中国先进分子和中国人民继续顽强探寻救国救民道路。1921 年，在马克思列宁主义同中国工人运动的结合中，中国共产党应运而生。从此，中国人民有了用先进理论指导的马克思主义政党的领导，中国革命出现焕然一新的面貌。中国共产党人是孙中山先生开创的革命事业最坚定的支持者、最亲密的合作者、最忠实的继承者，不断实现和发展了孙中山先生和辛亥革命先驱的伟大抱负。中国共产党在成立之初，就提出反帝反封建的民主革命纲领，并同孙中山先生领导的中国国民党携手合作，建立最广泛的革命统一战线。辛亥革命后屡遭挫折的孙中山先生，把中国共产党人当成亲密朋友，毅然改组国民党，实行联俄、联共、扶助农工三大政策。国共两党第一次合作，形成席卷全国的革命新形势，给北洋军阀反动统治以沉重打击。孙中山先生逝世后，中国共产党人继承他的遗愿，同一切忠于他的事业的人们共同努力、继续奋斗。经过 20 多年艰苦卓绝的斗争，中国人民终于夺取了新民主主义革命的胜利，建立了人民当家做主的中华人民共和国，完成了近代以来中国人民和无数仁人志士梦寐以求的民族独立、人民解放的历史任务，开启了中华民族发展进步的历史新纪元。新中国成立后，中国共产党继承和发展孙中山先生关于建设人民享有民主权利和幸福生活的现代化国家的理想，团结带领全国各族人民自力更生、艰苦奋斗，完成了从新民主主义到社会主义的转变，开展了大规模社会主义建设，推进了改革开放和社会主义现代化伟大事业。经过新中国成立以来特别是改革开放以来的持续奋斗，中国人民取得了举世瞩目的巨大成就，谱写了中国发展的辉煌篇章。当前，全国各族人民正满怀豪情为全面建设小康社会、加快推进社会主义现代化而团结奋斗。孙中山先生振兴中华的深切夙愿，辛亥革命先驱的美好憧憬，今天已经或正在成为现实，中华民族伟大复兴展现出前所未有的光明前景。实现中华民族伟大复兴任重道远。我们要紧紧抓住并切实用好我国发展的重要战略机遇期，以马克思列宁主义、毛泽东思想、邓小平理论和"三个代表"重要思想为指导，深入贯彻落实科学发展观，继续解放思想，坚持改革开放，推动科学发展，促进社会和谐，为实现中华民族伟大复兴继续团结奋斗。实现中华民族伟大复兴，必须坚定不移高举中国特色社会主义伟大旗帜。辛亥革命100年来的历史表明，实现中华民族伟大复兴，必须找到引领中国人民前进的正确道路和核心力量。中国人民付出艰辛努力、做出巨大牺牲，终于找到了实现中华民族伟大复兴的正确道路和核心力量。这条正确道路就是中国特色社会主义道路，这个核心力量就是中国共产党。中国特色社会主义道路，深刻总结近代中国一切救亡图存、振兴中华的经验教训，深刻总结在中国推进社会主义建设的正反两方面经验，深刻总结世界各国实现发展进步的历史启示，符合我国实际和时代要求，符合中国最广大人民根本利益，符合中华民族根本利益。在实现中华民族伟大复兴的征程上，我们一定要牢牢坚持中国共产党的领导，坚持和拓展中国特色社会主义道路，坚持和丰富中国特色社会主义理论体系，坚持和完善中国特色社会主义制度，坚持发展为了人民、发展依靠人民、发展成果由人民共享，全面推进经济建设、政治建设、文化建设、社会建设以及生态文明建设和党的建设，不断保障和改善民生，奋力实现全面建设小康社会宏伟目标，不断开创中国特色社会主义事业新局面，不断为实现中华民族伟大复兴打下坚实基础。实现中华民族伟大复兴，必须坚定不移高举爱国主义伟大旗帜。辛亥革命100年来的历史表明，爱国主义是中华民族精神的核心，是动员和凝聚全民族为振兴中华而奋斗的强大精神力量。热爱祖国是中华民族的光荣传统。创造中国人民的幸福生活，使中华民族巍然屹立于世界民族之林，是全体中华儿女的共同目标。实现中华民族伟大复兴，离不开全体中华儿女的团结奋斗，也是全体中华儿女义不容辞的职责。在实现中华民族伟大复兴的征程上，我们一定要大力弘扬爱国主义精神，巩固和加强全国各族人民的大团结，巩固和加强海内外中华儿女的大团结，巩固和壮大最广泛的爱国统一战线，促进政党关系、民族关系、宗教关系、阶层关系、海内外同胞关系的和谐，广泛凝聚中华民族一切智慧和力量，团结一切可以团结的力量，万众一心为实现中华民族伟大复兴而奋斗。实现中华民族伟大复兴，必须坚定不移高举和平、发展、合作旗帜。辛亥革命100年来的历史表明，实现中华民族发展进步，不仅需要安定团结的国内环境，而且需要和平的国际环境。孙中山先生曾经说过："中国如果强盛起来，我们不但是要恢复民族的地位，还要对于世界负一个大责任。"当今世界，和平、发展、合作的时代潮流更加强劲，中国的前途命运日益紧密地同世界的前途命运联系在一起。中国过去、现在、将来都是维护世界和平、促进共同发展的积极力量。在实现中华民族伟大复兴的征程上，我们一定要坚持独立自主的和平外交政策，坚持走和平发展道路，坚持实施互利共赢的开放战略，在和平共处五项原则的基础上同所有国家发展友好合作，推动国际政治经济秩序朝着更加公正合理的方向发展，同各国人民一道推动建设持久和平、共同繁荣的和谐世界，努力为人类做出新的更大的贡献。

孙中山先生和辛亥革命先驱振兴中华的宏愿，应该成为两岸同胞的共同追求。两岸同胞是血脉相连的命运共同体，大陆和台湾是两岸同胞的共同家园。当今时代，两岸中国人面临着共同繁荣发展、共谋中华民族伟大复兴的历史机遇，两岸关系和平发展已成为中华民族伟大复兴的重要组成部分。携手推动两岸关系和平发展、同心实现中华民族伟大复兴，应该成为两岸同胞共同努力的目标。孙中山先生曾经说过，"统一是中国全体国民的希望。能够统一，全国人民便享福；不能统一，便要受害。"以和平方式实现统一，最符合包括台湾同胞在内的全体中国人的根本利益。我们要牢牢把握两岸关系和平发展主题，增强反对"台独"、坚持"九二共识"的共同政治基础，促进两岸同胞密切交流合作，共享两岸关系和平发展成果，提升两岸经济竞争力，弘扬中华文化优秀传统，增强休戚与共的民族认同，不断解决前进道路上的各种问题，终结两岸对立，抚平历史创伤，共同为实现中华民族伟大复兴而努力。

回首中华民族百年奋斗历史，我们无比自豪。展望中华民族伟大复兴光明前景，我们信心百倍。我们呼吁，全体中华儿女携起手来，坚定实现中华民族伟大复兴的理想，努力做出无愧于孙中山先生和辛亥革命先驱、无愧于我们伟大民族的贡献，在时代进步洪流中奋力实现中华民族伟大复兴！

孙中山《民报》发刊词 1905 年 10 月 2 日

近时杂志之作者亦夥矣，婍词以为美，嚣听而无所终，摘埴索涂，不获则反复其词而自惑。求其斟时弊以立言，如古人所谓对症发药者，已不可见；而况夫孤怀宏识，远瞩将来者乎？夫缮群之道，与群俱进，而择别取舍，唯其最宜。此群之历史既与彼群殊，则所以掖而进之之阶级，不无先后进止之别。由之不贰，此所以为舆论之母也。予维欧美之进化，凡以三大主义：曰民族、曰民权、曰民生。罗马之亡，民族主义兴，而欧美各国以独立。洎自帝其国，威行专制，在下者不堪其苦，则民权主义起。18 世纪之末，19 世纪之初，专制仆而立宪政体殖焉。世界开化，人智益蒸，物质发舒，百年锐于千载。经济问题，继政治问题之后，则民生主义跃跃然动；20 世纪不得不为民生主义之擅扬时代也。是三大主义皆基本于民，递嬗变易，而欧美之人种胥治化焉。其他施维于小己大群之间，而成为故说者，皆此三者之充满发挥而旁及者耳。今者中国以千年专制之毒而不解，异种残之，外邦逼之，民族主义，民权主义，殆不可以须臾缓。而民生主义欧美所虑积重难返者，中国独受病未深而去之易。是故或于人为既往之陈迹，或于我为方来之大患，要为缮吾群所有事，则不可不并时而驰张之。嗟夫！所陟卑者，其所视不远；游五都之市，见美服而求之，忘其身之未称也，又但以当前者为至美。近时志士，舌弊唇枯，唯企强中国以比欧美。然而，欧美强矣，其民实困。观大同罢工与无政府党、社会党之日炽，社会革命其将不远。吾国纵能媲迹欧美，犹不能免于第二次之革命；而况追逐于人已然之末轨者之终无成耶？夫欧美社会之祸，伏之数十年，及今而后发见之，又不使之遽去。吾国治民生主义者发达最先，睹其祸害于未萌，诚可举政治革命、社会革命，毕其功于一役，环视欧美，彼且瞠乎后也。系我祖国，以最大之民族，聪明强力，超绝等伦，而沉梦不起，万事堕坏；幸为风潮所激，醒其渴睡。旦夕之间，奋发振强，励精不已，则事半功倍，良非夸嫚。唯夫一群之中，有少数最良之心理，能策其群而进之，使最宜之治法，适应于吾群；吾群之进步，适应于世界。此先知先觉之天职，而吾民报所为作也。抑非常革新之学说，其理想输灌于人心，而化为常识，则其去实行也近。吾于民报之出世觇之。（选自《孙中山选集》，人民出版社，1981 年版）

六、参考文献

[1] 中央编译局. 纪念赫尔岑. 列宁选集(第 2 卷). 北京：人民出版社，1995.

[2] 中国史学会济南分会. 山东近代史资料. 三分册. 济南：山东人民出版社，1957.

[3] 中华书局. 清末教案(第 2 册). 北京：中华书局，1998.

[4] 近代史资料. 1955(4).

[5] 袁昶. 乱中日记残稿[M]. 义和团(一).

[6] 李文海，等. 义和团运动史事要录. 齐鲁书社，1986.

[7] 义和团档案史料. 上册. 北京：中华书局，1959.

[8] 瓦德西. 瓦德西拳乱笔记. 义和团(第 3 册).

[9] 廖一中，等. 义和团运动史. 北京：人民出版社，1981.

[10] 翦伯赞，郑天挺. 中国通史参考资料(近代部分)一册中有关戊戌变法和义和团运动的篇目.

专题四

中国历史和人民选择了马克思主义

一、教学目的与要求

通过本专题教学使学生对于马克思主义传入中国之后的历史状况有深入了解，认识到马克思主义传入中国是历史的必然。

二、教学内容提要

通过本专题教学使学生对于马克思主义传入中国之前的历史状况有深入了解，了解中国先进分子对资产阶级民主主义产生怀疑的原因，他们在十月革命以后怎样经过比较、探求选择了马克思主义，认识举起马克思主义旗帜的巨大而深远的意义。

三、重点问题解析

(一)中国先进分子为什么在众多思潮中选择了马克思主义

19 世纪 20 年代前后，饱经苦难的中国人民几经彷徨绝望，终于选择了马克思主义作为拯救国家，改造社会的理论武器，并在其指导下，取得了新民主主义革命的胜利，从而实现了民族独立，并为中国走向现代化开辟了广阔的道路。

1.中国人民选择马克思主义是近代历史发展的必然。

自 1840 年鸦片战争以后，在西方资本主义国家侵略掠夺和中国反动统治阶级剥削压迫双重作用下，中国逐步沦为半殖民地半封建社会的深渊，民族危机、阶级矛盾日益严重。为了民族的独立、国家的发展与人的自由(解放)，近代以来先进的中国人不断向西方寻求和探索救国救民的真理。最先站出来是以林则徐、魏源为代表的地主阶级改革派，他们提出“师夷长技以制夷”的主张，迈出了向西方学习的第一步，但是其本意在于维护日益走向没落的封建统治，违背了历史潮流，注定了其失败的命运。继之而起的洋务派提出“中学为体，西学为用”的方针，发起一场带有资本主义倾向的改革运动，虽然学到了西方资本主义物质文明的一点皮毛，但这种片面追求生产力发展，不求变革封建主义生产关系的改革模式，是难以达到“求强”“求富”的目的的。以洪秀全为代表的农民阶级革命派，提出“太平一统”的思想，绘制了绝对平均主义的理想社会蓝图，但仍然是因没有找到一个科学锐利的思想武器而归于失败。康有为代表中国民族资产阶级上层的利益，以西方资产阶级的进化论为指导，希望在中国建立“君主立宪制”国家；孙中山代表中国民族资产阶级中下层的利益，在向西方学习的过程中找到了西方资产阶级“天赋人权”革命理论，进而创立三民主义学说，矢志在中国建立资产阶级民主共和国。但从这些理论及其产生的实践结果看，他们选择的这些先进理论武器“软弱得很，又是抵不住，败下阵来，宣告破产了。”从而完不成拯救近代中国和救亡图存的历史任务，中国依然是处于帝国主义侵略和封建主义压迫的半殖民地半封建社会，民族危机愈加严峻。

然而，只要近代社会两大主要矛盾存在，就必然决定中国革命的发生。而革命的产生又需要一定理论的指导，这就从根本上决定了近代先进的中国人探索救国救民真理的脚步一刻也不能停止，正是“五四运动”前爆发的十月革命给中国提供了寻找救国救民真理的良好机遇，特别是十月革命后建立的社会主义国家苏俄对中国的友好态度，与西方帝国主义国家对中国主权的侵犯形成鲜明对比，使先进的中国人似乎看到了运用指导苏俄十月革命的理论来解决中国问题的希望。从此，先进的中国人放弃了对西方资产阶级理论的追求，转而以苏俄为师为友，开始接触、宣传指导俄国十月革命的马克思主义。中国近代先进知识分子之所以接触、宣传和传播马克思主义，并最终接受马克思主义来解决中国问题，是他们长期以来向西方探索救国救民真理屡屡碰壁而改弦更张的必然性结果。

2.中国人民选择马克思主义的最根本原因在于马克思主义本身的科学性和它满足当时中国理论需要的程度。

马克思主义本身具有高度的革命性和科学性，是无产阶级的宇宙观和社会革命论，是关于被压迫阶级的斗争科学，其字里行间渗透了对自然界、人类社会、思维规律的科学把握，因而是放之四海而皆准的真理。20世纪初，在各种思潮兴起和竞逐的中国思想界，马克思主义之所以能够脱颖而出，并被中国人所信奉，根本原因就在于马克思主义的科学性和建立在这一科学性基础之上的理论说服力。十月革命后，马克思主义之所以在中国得到广泛传播，从根本上说，除了因为马克思主义是科学的，还因为马克思主义的思想特点恰恰满足了中国由其“特殊国情”决定的“特殊需要”。正如毛泽东所说的：“马克思列宁主义来到中国之所以发生这样大的作用，是因为中国的社会条件有了这种需要。”众所周知，马克思主义的一大特点是它彻底的人民性，马克思恩格斯在《共产党宣言》中明确地指出："过去的一切运动都是少数人的或者为少数人谋利益的运动。无产阶级的运动是绝大多数人的、为绝大多数人谋利益的独立的运动。"马克思主义的彻底的人民性这一特点使它比其他资产阶级理论更能满足中国广泛动员民众与强大的保守势力和严重的历史惰性做斗争的现实需要。马克思主义因其"为了人民"和"依靠人民"而产生的彻底的"人民性"，使它具有了比其他资产阶级理论更大的社会动员能力和革命彻底性。在马克思主义被中国先进分子接受以前，无论君主立宪思想还是资产阶级民主共和思想都不具备彻底的"人民性"。缺乏彻底的"人民性"，这是近代资产阶级维新派和革命派最终失败的根本原因之一。在新民主主义革命时期，中国共产党始终坚持从马克思主义的"绝大多数人"即"人民"的立场出发，在各个不同的历史时期，都争取建立最广泛的统一战线同主要的敌人做斗争，这正是中国共产党及其领导的新民主主义革命能够取得胜利的根本原因之一。马克思主义的另一个重要特点，是它对暴力革命给予充分的重视，它主张无产阶级和其他劳动人民在必要的情况下使用暴力革命的手段达到自己的斗争目的。《共产党宣言》明确地指出："共产党人不屑于隐瞒自己的观点和意图。他们公开宣布：他们的目的只有用暴力推翻全部现存的社会制度才能达到。"尽管恩格斯在晚年对普选权对工人运动的积极意义给予了充分的肯定，但恩格斯同时仍然坚持："须知革命权总是唯一的真正'历史权利'。"恩格斯明确地指出：马克思主义对暴力革命手段对推动历史进步的积极作用的充分肯定，也使它比其他理论更适合于中国对强大的保守势力斗争的现实需要，更容易被中国人所接受。作为一个半殖民地国家，中国的各种反动势力与西方列强有着各种盘根错节的复杂关系，他们互相勾结，共同镇压我国的进步改革与革命。这使中国革命不得不具有反帝反封建的双重性质，因而中国革命的对象格外强大，革命的任务格外艰巨。马克思主义的人民性和对暴力革命积极意义的充分肯定使它能够指导中国人民战胜强大的革命对象和完成艰巨的革命任务。对于马克思主义这样一个科学的和符合中国现实政治斗争需要的理论，中国人民有什么理由拒绝接受它呢?

3. 中国工人阶级的成长壮大和中国工人运动的发展为中国人民选择马克思主义提供了阶级基础和实践需求。

马克思主义是关于无产阶级自身的解放斗争和实现社会主义、共产主义的学说，它的出发点和落脚点都是为工人阶级（无产阶级）及其斗争提供正确的理论指导服务的，这是由马克思主义的阶级性本质所决定的。马克思主义要在一个国家落脚生根，并在实践中被运用，必须要有相应的载体，这就是这个国家的工人运动要达到一定的水平。"五四运动"中，中国工人阶级作为一支独立的政治力量登上了历史舞台，对“五四运动”的斗争目标取得胜利起了决定性的作用。同时，工人阶级在斗争中也教育了自己，认识到帝国主义和封建军阀是中国人民的敌人，看到了自己同资产阶级的矛盾，也初步体会到组织起来的力量。因而在“五四运动”之后，工人运动继续向前发展，既有经济罢工更有政治罢工，既有反对帝国主义的斗争又有反对封建军阀的斗争，这表明“五四运动”使中国工人阶级的觉悟有了进一步的提高。尽管此时工人阶级还不可能从理论上完全认识到自己阶级的伟大历史使命，但是他们在“五四运动”的亲身实践中已感到自己在社会生产和社会生活中的重要地位，不再认为自己是天生注定任人奴役的牛马，已懂得为改善自身的生活和保障自身的权利而联合进行斗争的必要性，并且把这种必要性与国家命运和社会政治生活联系起来。所以当先进的中国知识分子向他们传播马克思主义理论时，立即受到他们的欢迎。这就说明，当时中国工人阶级及其斗争的确需要马克思主义来指导、来武装，这就为马克思主义在中国的迅速传播提供了客观的实践需求。总之，五四前后，中国工人阶级需要马克思主义的理论指导，马克思主义也离不开工人阶级这一物质力量，二者在起先锋和桥梁作用的先进知识分子的连接下实现了正确的有机结合，从而使中国人民选择了马克思主义。

4. 特定国际环境的双向刺激。第一次世界大战前后中国人对西方文明的怀疑和失望和帝国主义的背信弃义，俄国十月革命的胜利和俄国政府对中国采取的平等外交政策，二者形成鲜明对比，促使中国一部分知识分子由信奉西方民主主义转而信仰马克思主义。第一次世界大战前，中国人向西方学习，态度不可谓不恭敬和虔诚，认为这是拯救中国的必由之路，很少有人在总体上对西方文明产生过怀疑，进行过批判。第一次世界大战爆发后这种状况发生了根本变化。1914 年 8 月，帝国主义列强之间因重新划分势力范围、争夺原料市场而爆发了长达 4 年之久的世界性战争，即第一次世界大战。战争给全世界人民带来了“举世滔天之祸”，也使资本主义的内在矛盾和丑恶、凶残、野蛮的面目暴露无遗，以至出现了全球性的对资本主义的批判，这对把中国之前途寄希望于西方文明的中国人来说，不啻是当头一闷棍。看到战后欧洲的满目疮痍和西方物质文明的堕落，科学的进步非但未能制止大战，反而加剧了战争的残酷性和危害性，许多中国人，特别是“放眼看世界”的知识分子，包括一些原本虔诚信奉西方资本主义文明的人，如梁启超等，转而对资本主义文明深感失望、惶惑和愤慨，引起中国人对西方信仰的全面危机，“资本主义文明破产了”的观念深入人心。加上在“巴黎和会”上列强背信弃义，相互勾结，掠夺中国合法权益，导致中国外交失败，更使国民对资本主义文明深感失望。一些激进的民主主义者如李大钊等，在新的历史条件下开始探索新的救国救民的方案。他们从历史进化的观点出发，认为资本主义代议制取代封建专制固然是一个不可逆转的历史进步，但是它又有很多弊端和缺陷，将来必定被新的“益能通民彝于国法之制”所代替。列宁领导的布尔什维克在俄国夺取政权，推翻了沙皇专制统治，建立了人类历史上第一个社会主义国家。十月革命后的苏俄政府拒绝偿付沙俄时期的一切债务，废除了与列强的战争契约，退出了整个资本主义体系，用斯大林的话说，走上了一条非奴役性的发展道路。俄国这个落后国家以科学社会主义为理论指导，通过革命反抗列强侵凌的成功，为中国这样一个半殖民地穷国做出了榜样与示范，昭示了一条新的出路。透过苏俄十月革命，中国人终于发现，马克思主义和社会主义是不可多得的救国利器。更重要的是，列宁站在无产阶级国际主义的立场上，把殖民地半殖民地国家看作是无产阶级的同盟军，进而提出了明确的策略：“现在我们苏维埃共和国将要把东方所有正在觉醒的各族人民团结在自己周围，以便与他们一起来进行反对国际帝国主义的斗争。”1919 年 7 月和 1920 年 9 月，苏俄政府先后两次发表对华宣言，宣布废弃帝俄时代同中国订立的不平等条约和特权，提出要和中国建立友好关系，受到中国各界的热烈欢迎。近百年来，中国人民目睹的是西方列强不断地把不平等条约强加给中国，而苏俄政府却破天荒地主动废除历史遗留下来的在华特权，并真心诚意地支持中国人民的解放斗争。这是一个极为鲜明的对照。中国人民从中进一步体会到，只有列宁的劳农政府，才是中国人民真正的朋友。因此，饱受列强欺凌的中国人民无比欢欣鼓舞，舆论界对此反响强烈。正是在这一情境下，形成了学习和研究马克思主义的高潮，马克思主义和社会主义在中国的传播获得了真实的动力与接受基础，一大批先进知识分子从对西方的迷信中解放出来，抛弃了在中国已被证明是缘木求鱼的资产阶级民主共和国方案，转而如饥似渴地接受马克思主义，大张旗鼓地宣传马克思主义，从以西方资本主义为师转变成以俄为师，“走俄国人的路”成为当时先进知识分子的口号和时代潮流。

5.马克思主义与中国传统文化的某些话语在表层上有不同程度的契合，是中国人民选择马克思主义的文化心理因素。

从文化形态上说，马克思主义是迄今为止人类历史上最为先进的思想、理论，它与以农业文明为基础的中国传统文化之间有着不可逾越的鸿沟。但是，这两者在话语上又有某种相通之处，这在客观上有利于马克思主义为中国民众所认同和接纳。

6.中国人民选择马克思主义是反复鉴别和慎重思考后做出的正确选择。

五四前后，是一个百花竞放，百家争鸣的时代。在马克思主义传入中国的同时，其他形形色色的学派和思潮也纷纷涌进中国。有 17、18 世纪西方启蒙学者提出的自由、平等、博爱、天赋人权和人道主义等；有打着社会主义旗号的流派，如无政府主义、新村主义、合作主义、泛劳动主义、基尔特社会主义、社会民主主义等;也有现代资产阶级的实验主义、新实证论等,它们的观点主张在各种刊物上纷然杂陈,一时间,鱼龙混杂,良莠不齐。当时绝大多数进步知识分子对社会主义还只是一种朦胧的向往,就像“隔着纱窗看晓雾,社会主义流派,社会主义意义都是纷乱,不十分清晰的。”然而,中国知识分子以其特有的无畏的探索精神、高度的责任心和敏锐的判断力,经过反复的学习、研究和慎重的思索、分析、比较及认真的鉴别,最终选定马克思主义作为中国革命的理论武器。1920 年 8 月,蔡和森在法国给毛泽东的信中说:“我们对各种主义综合审缔,觉为社会主义真为改造世界对症下之方,中国也不例外。”(《毛泽东书信选集》)毛泽东对此表示完全赞同。在国内,中国知识界对如何改造社会、改造中国的问题展开了热烈的讨论。他们提出各种各样的改造方案,而且不少人还进行了实践。其中影响较大的是对工读互助主义的实验,其宗旨是“人人做工,人人读书,各尽所能,各取所需”,其目的是通过把工读互助团逐渐推广到全社会,从而实现“平和的经济革命”,建立一个没有剥削没有压迫没有体力劳动与脑力劳动的对立和差别的新社会。对工读互助主义等改造社会方案实验的失败深深教育了那些真心要与工农结合、为劳动人民服务的进步青年,他们开始认识到:“全社会的经济组织不从根本上改革,其余的改革都是无效的”,“社会没有根本改造之前,不能试验新生活”。于是他们迅速抛弃了种种不切实际的和平改造社会的方案,转而寻找改造社会的“实际可循”的有效途径。经过一段时间的学习和思索,先进分子们终于认识到必须以科学社会主义代替空闲社会主义,认为这才是改造中国的唯一切实可行的方案。由此可见,先进分子选择马克思主义并不是一时的冲动,不是随心所欲,更不是出于某种特殊的偏好,而是经过深思熟虑,经过反复的研究、比较和实践检验后做出的慎重选择。

四、强化训练与参考答案

(一)单项选择题

1. 新文化运动兴起的直接原因是(　　)

A. 列强支持袁世凯复辟帝制　　B. 中国资本主义有了进一步的发展
C. 袁世凯在掀起尊孔复古逆流　　D. 西方启蒙思想进一步介绍到中国

2. 新文化运动中批孔实际上针对的是(　　)

A. 儒家思想文化　　B. 孔子思想学说
C. 儒家传统道德　　D. 封建专制皇权

3. 与中共一大相比较，中共二大最重要的贡献是确立了（　　）

A. 以工人运动为中心的任务　　B. 在民主革命阶段的纲领

C. 民主集中制的原则　　D. 为共产主义奋斗的目标

4. 1911—1925 年间建立的下列政权中，不具有革命性质的是（　　）

A. 南京临时政府　　B. 北京政府

C. 湖北军政府　　D. 广州国民政府

5. 新文化运动中所提出的民主主要是指（　　）

A. 国家主权和民主权利　　B. 人民的民主权利和自由

C. 资本主义的政治制度　　D. 无产阶级专政下的人民民主

6. 民主和科学是前期新文化运动的一面大旗，受此影响最大的是（　　）

A. 广大青年　　B. 无产阶级

C. 小资产阶级　　D. 工农群众

7. 1915 年开始的民主、科学与尊孔复古的论战实质是（　　）

A. 资产阶级与封建地主阶级的思想论战

B. 无产阶级与资产阶级的思想论战

C. 马克思主义与改良主义的论战

D. 西方文明与中华传统文化之间的冲突

8. 能完整地体现"五四运动"性质的口号是（　　）

A. 废除"二十一条"　　B. 拒绝在和约上签字

C. 还我青岛　　D. 外争主权，内惩国贼

9. 中国由旧民主主义革命向新民主主义革命转变的最根本因素是（　　）

A. 新文化运动的推动　　B. 无产阶级队伍的壮大

C. 中国民族资本主义的进一步发展　　D. 俄国十月革命的影响

10. 辛亥革命相比，"五四运动"的特点在于（　　）

A. 无产阶级政党登上了历史舞台

B. "五四运动"具有广泛的社会性和彻底地反帝反封建的态度

C. 是一场反帝爱国运动

D. 是资产阶级民主革命的一个组成部分

11. 新文化运动把矛头指向儒家传统道德，其根本原因是（　　）

A. 儒家思想阻碍了中国资本主义的发展

B. 儒家思想是维护封建统治的理论基础

C. 北洋军阀政府推崇儒家思想

D. 儒家思想落后于资产阶级文化，全是糟粕

12. 中国共产党一大确定党的中心任务是（　　）

A. 实现共产主义　　B. 加强无产阶级国际团结

C. 领导和组织工人运动　　D. 推翻资产阶级政权

13. 中国共产党成立后面临的首要任务是（　　）

A. 建立革命统一战线　　B. 组织革命武装

C. 发动工人罢工　　D. 制定完整的革命纲领

14. 中国共产党二大提出了党的民主革命纲领表明（　　）

A. 党的宗旨发生了变化　　B. 党在实践中走向成熟

C. 党在不断修正自己的错误　　D. 党对中国国情的认识加深

15. 国共两党第一次合作的政治基础是（　　）

A. 联俄联共扶助农工三大政策　　B. 三民主义

C. 新三民主义　　D. 中共三大决议

(二)多项选择题

1. 新文化运动兴起的社会背景是（　　）

A. 辛亥革命没有彻底批判封建思想

B. 北洋军阀用封建思想来禁锢人们的头脑

C. 资产阶级要求实行民主政治　　D. 中国资本主义进一步发展

E. 能够正确看待东西方文化

2. 新文化运动是资产阶级哪些要求在文化上的反映（　　）

A. 防止封建帝制复辟　　B. 反对封建军阀统治

C. 宣传马克思主义　　D. 实行资产阶级民主政治

E. 学习西方文化

3. 评价符合新文化运动实际情况的有（　　）

A. 是近代第一次重大的思想启蒙运动

B. 使民主科学观念得到较广泛的传播

C. 新文化运动动摇了封建正统思想

D. 整个运动未能给中国人民指明新的前景

E. 提出了中国文化必须现代化的重大课题

4. 巴黎和会中国外交代表团突出的要求包括（　　）

A. 废除帝国主义国家在中国的一切特权

B. 废除旧中国的一切不平等条约

C. 收回大战期间日本夺去的德国在山东的特权

D. 取消袁世凯与日本订立的不平等条约“二十一条”

E. 拒签和约

5.“五四运动”爆发的历史背景包括(　　)

A. 北洋军阀的黑暗统治　　B. 工人阶级队伍迅速壮大

C. 新文化运动的开展　　D. 中国人民反帝情绪高涨

E. 俄国十月革命的影响

6.“五四运动”中积极参加这场斗争的阶层有(　　)

A. 爱国学生　　B. 工人阶级

C. 商人　　D. 地主阶级

E. 官僚资产阶级

7.“五四运动”与以往民主主义革命的显著区别是(　　)

A. 广泛的群众基础　　B. 在俄国十月革命影响下发生

C. 工人阶级发挥了主力军的作用

D. 进行了“外争主权,内惩国贼”的斗争

E. 北洋军阀政府忙于军阀混战

8. 举例关于“五四运动”的评述正确的是(　　)

A. 促使北洋政府拒签和约　　B. 反帝反封建的爱国运动

C. 追求民主科学的思想解放运动　　D. 新民主主义革命的开端

E. 属于无产阶级社会主义革命的范畴

9.“五四运动”是中国新民主主义革命的开端,主要是因为(　　)

A. 中国社会性质和革命任务发生了根本性变化

B. 革命领导力量和指导思想发生了巨大变化

C. 无产阶级开始以独立的姿态登上了政治舞台

D. 具有以往的历次革命运动所不具备的广泛性和不妥协性

E. 开始了马克思主义与工人运动相结合的过程

10.“五四运动”前后的新文化运动的不同之处有(　　)

A. 宣传社会主义思想

B. 马克思主义宣传与工人运动相结合

C. 对科学共产主义作了较为全面系统的介绍

D. 动摇了封建正统思想　　E. 进步刊物和进步团体出现

11. 中国共产党诞生的条件表述正确的是(　　)

A. 马克思主义的传播提供了思想基础

B. 各地共产党早期组织建立提供了组织基础

C. 工人阶级壮大提供了阶级基础
D. 第一次工人运动高潮提供了群众基础
E. 共产国际的指导和帮助

12. 中国共产党与以往的任何政党不同的主要表现是(　　)
A. 以马克思主义理论为指导　　B. 是新型的工人阶级政党
C. 能够代表整个中华民族的利益　　D. 坚持用革命的手段来达到目的
E. 以实现共产主义为目标

13. 中国共产党一大的内容包括(　　)
A. 制定了党的第一个纲领　　B. 决定加入共产国际
C. 确定了党的中心任务　　D. 选举了党的中央领导机构
E. 确定了国共合作的方针

14. 中国共产党二大指出中国民主革命的动力是(　　)
A. 工人阶级　　B. 农民阶级
C. 小资产阶级　　D. 民族资产阶级
E. 官僚资产阶级

15. “自从有了中国共产党，中国革命的面貌将焕然一新了。”这里的新指(　　)
A. 以马克思主义为指导思想　　B. 以武装斗争为主要手段
C. 以无产阶级为革命领导　　D. 提出民主革命的前途为社会主义
E. 以实现共产主义为目标

16. 国民党一大的主要内容及意义是(　　)
A. 讨论了国民党改组的问题　　B. 重新解释了三民主义
C. 确立了联俄联共扶助农工政策　　D. 民主革命统一战线建立
E. 国民革命运动开始

17. 第一次国共合作后，北伐战争胜利进军的原因有(　　)
A. 民主革命统一战线旗帜的指引　　B. 共产党员、共青团员在北伐军中的模范作用
C. 全国工农群众的大力支持　　D. 制定了正确的北伐方针
E. 苏联政府的军事指导和物资援助

18. 十月革命后，中国人民找到了马列主义这一崭新的思想武器，然而要取得中国革命的胜利，必须(　　)
A. 以马克思列宁主义为指导　　B. 以中国实际问题为中心
C. 以共产国际指示为依据　　D. 使马克思主义中国化

E. 把马克思列宁主义普遍原理和中国革命具体实践结合起来

19. 改组后的国民党成为包括以下阶级在内的政治联盟，它们是（　　）

A. 工人阶级　　B. 农民阶级

C. 城市小资产阶级　　D. 民族资产阶级

E. 开明地主阶级

20. 大革命失败的原因包括（　　）

A. 反革命力量的强大　　B. 国产国际错误的指挥

C. 帝国主义的拉拢　　D. 陈独秀"右倾"错误

(三)辨析题

1. 新文化运动中的批判孔学就是否定中国全部传统文化。
2. "五四运动"提出了反帝反封建的口号，所以是新民主主义革命的开始。
3. 如果没有无产阶级加入，"五四运动"不可能取得胜利。
4. 中国共产党的成立具有历史必然性。
5. 孙中山民族、民权、民生的三民主义成为国共第一次合作的政治基础。
6. 中国新民主主义革命，只有在坚决进行对资产阶级的斗争中才能取得彻底的胜利。

(四)综合问答题

1. "五四运动"的意义是什么？
2. 为什么说自从有了中国共产党，中国革命的面貌就"焕然一新"了？
3. 国共第一次合作的历史意义何在？
4. 大革命失败的原因和教训是什么？
5. 为什么说"五四运动"是中国新民主主义革命的开端？

(五)材料题

1. 阅读以下材料

材料1：人类社会经济政治大改造的革命有两种：一是宗法封建社会崩坏时，资产阶级的民主革命。……国民革命的性质是资产阶级的革命，他们的胜利虽然是资产阶级的胜利，然而革命运动中的形式及要求只是一个国民革命，这种特殊形式的革命，本是殖民地半殖民地的政治、经济状况所自然演成的。……无产阶级客观力量是随着资产阶级的发达而发达的，殖民地半殖民地的资产阶级既然不能成为一个独立的革命势力，无产阶级便是

不用说了。(摘自陈独秀:《中国国民革命和社会各阶级》1923 年 4 月 25 日)

材料 2:资产阶级也明明知道此种民主革命的成功诚然是资产阶级的胜利,然而幼稚的无产阶级目前只有在此胜利的奋斗中才有获得若干自由及扩大自己能力之机会……。中国国民党目前的使命及进行的正轨应该是:统率革命的资产阶级,联合革命的无产阶级,实现资产阶级的民主革命。(摘自陈独秀《资产阶级的革命与革命的资产阶级》1923 年 12 月 1 日)

材料 3:怎样才能更加巩固和扩大国共两党的亲密合作呢?一方面,须要将有关两党合作的各种基本问题解释得清楚明白;另一方面,须要采取许多巩固和扩大两党合作的具体办法。……但是,在两党方面的确都还有少数人不清楚了解两党合作的许多基本问题。第一,他们不清楚了解今天两党合作的主要原因和主要目的,因此,他们有时忘记了抗日是目前民族统一战线的最主要的共同纲领,于是忘记了以抗日与否来划分敌友的最主要标准,于是忽略了"凡抗日者皆吾友,降日者皆吾敌"的简单真理,于是忽略了"抗日高于一切,一切服从抗日"的言行准则,因为有时把其他问题与抗日问题并列或对立,以致模糊于今天民族统一战线的主要目标,有时甚至把抗日问题看得比其他问题为次要,以致引起抗日民族统一战线营垒中的许多不应有的摩擦和裂痕。(摘自王明《挽救时局的关键》1937 年 12 月 27 日)

材料 4:……综上所述,可知一切勾结帝国主义的军阀,官僚,买办阶级、大地主阶级以及所属于他们的一部分反动知识界,是我们的敌人。工业无产阶级是我们革命的领导力量。一切半无产阶级、小资产阶级,是我们最接近的朋友那动摇不定的中资产阶级,其右翼可能是我们的敌人,其左翼可能是我们的朋友,但是我们要时常提防他们,不要让他们扰乱了我们的阵线。(摘自毛泽东《中国社会各阶级的分析》1925 年 12 月 1 日)

材料 5:既要革命,就要有一个革命党,没有一个革命的党,没有一个按照马克思列宁主义的革命理论和革命风格建立起来的革命党。就不可能领导工人阶级和广大人民群众战胜帝国主义及其走狗。……中国共产党就是依照苏联共产党的榜样建立起来和发展起来的一个党,自从有了中国共产党,中国革命的面目就焕然一新了。(摘自毛泽东《全世界革命力量团结起来,反对帝国主义的侵略》1948 年 11 月)

请回答:

(1)根据材料 1 和材料 2,说明陈独秀在中国革命问题上所犯的错误。

(2)参照材料 3,评价王明在统一战线问题上的认识。

(3)综合上述材料,试论述新民主主义革命的领导权。

2. 以下材料是有关国民党新旧三民主义及中国共产党民主革命纲领的观点:

材料 1:民族主义,并非是遇着不同族的人便要排斥他,是不许那不同族的人来夺我民族的政权。民族革命的缘故,是不甘心满洲人灭我们的国,主我们的政,定要扑灭他的政府。光复我们民族的国家。我们并不是恨满洲人,是恨害汉人的满洲人。……民权主义,就是政治革命的根本。将来民族革命实行以后,现在的恶劣政治固然可以一扫而尽,却是还有那恶劣政治的根本,不可不去。中国数千年来都是君主专政政体,这种政体,不是平等自由的国民所堪受的。要去这政体,不是专政民族革命可以成功。这由政体不好的缘故,不做政治革命是断断不行的。讲到那政治革命的结果,是建立民主立宪政体。所以我们定要由平民革命,建国民政府。……民生主义,欧美为甚不能解决社会问题?因为没有解决土地问题。解决的法子,社会学者所见不一,兄弟所最信的是定地价的法子。比方地主有地价值一千元,可定价为一千,或多至二千;就算那地将来因交通发达,价涨至一万,地主应得二千,已属有益无损;赢利八千,当归国有。这于国计民生,皆有大益。少数富人把持垄断的弊端自然永绝。(摘自孙中山在东京《民报》创刊周年庆祝大会的演说)

材料 2:(1)民族主义。国民党之民族主义,有两方面之意义:一则中国民族自求解放,二则中国境内各民族一律平等。第一方面,国民党之民族主义,其目的是在使中国民族得自由独立于世界。盖民族主义,对于任何阶级,其意义皆不外免除帝国主义之侵略。第二方面,则国内诸民族宜可得平等之结合。国民党敢郑重宣言,承认中国以内各民族之自由权,于反对帝国主义及军阀之革命获胜利以后,当组织自由统一的(各民族自由联合的)中华民国。(2)民权主义。近世各国所谓民权制度,往往为资产阶级所专有,适成为压迫平民之工具。若国民党之民权主义,则为一般平民所共有,非少数人所得而私也。凡真正反对帝国主义之个人及团体,均得享有一切自由及权利;而凡卖国罔民以效忠于帝国主义及军阀者,无论其为团体或个人,皆不得享有此等自由及权利。(3)民生主义。国民党之民生主义。其最要之原则不外二者:一曰平均地权,二曰节制资本。盖酿成经济组织之不平均者,莫大于土地权之为少数人所操纵。故当由国家规定土地法,土地使用法、土地征收法及地价税法。私人所有土地,由地主估价呈报政府,国家就价征税,并于必要时依报价收买之。农民之缺乏田地沦为佃客者,国家当给以土地,资其耕作。凡本国人及外国人之企业,或有独占的性质,或规模过大为私人之力所不能办者，如银行、铁路、航路之属，由国家经营管理之，使私有资本制度不能操纵思之生计。（摘自《中国国民党第一次全国代表大会宣言》）

材料3：中国共产党是中国无产阶级政党。他的目的是要组织无产阶级，用阶级斗争的手段，建立劳农专政的政治，铲除私有财产制度，渐次达到一个共产主义的社会。中国共产党为工人阶级和贫农的目前利益计，引导工人们帮助民主主义革命运动，使工人和劳农与小资产阶级建立民主主义的联合战线。中国共产党为工人和贫农的利益在这个联合战线里奋斗的目标是：(1)消除内乱，打倒军阀，建设国内和平；(2)推翻国际帝国主义的压迫，达到中华民族的完全独立；(3)统一中国本部（东三省在内）为真正民主共和国。（摘自《中国共产党第二次全国代表大会宣言》）

请回答：

(1)根据材料1，概括民族、民权、民生三大主义的中心思想。

(2)对比材料2和3，说明新三民主义为什么成为国共合作的政治基础。

(3)比较材料1和2，指出国民党一大宣言对三民主义的新发展。

(4)比较材料2和3，指出中国共产党革命纲领同新三民主义的主要区别。

参考答案

(一)单项选择题

1. C　2. D　3. B　4. B　5. C　6. B　7. A　8. D
9. B　10. B　11. B　12. C　13. D　14. D　15. A

(二)多项选择题

1. ABCD　2. DE　3. BC　4. CDE
5. ABCDE　6. ABC　7. ACD　8. ABD
9. BC　10. ABC　11. ABCDE　12. ABCDE
13. ACD　14. ABCD　15. ABC　16. ABCD
17. ABCD　18. ABCDE　19. ABCDE　20. ABD

(三)辨析题

1. 新文化运动中的批判孔学就是否定中国全部传统文化。

参考答案：错误。新文化运动的倡导者并没有因为批判孔学就是否定中国全部传统文化。首先，他们指出，孔学并不等于全部国学；其次，他们并没有否定孔学的历史作用；再次，他们也没有把孔学说得一无是处。

2."五四运动"提出反帝反封建的口号,所以是新民主主义革命的开始。

参考答案:错误。"五四运动"提出彻底地反帝反封建的口号,但是并不是因为此就说明它是新民主主义革命的开始。"五四运动"是新民主主义革命的开始是因为:①提出彻底地反帝反封建的口号;②"五四运动"是一次真正的群众运动;③"五四运动"促进了马克思主义在中国的传播及其与中国工人运动的结合。

3.如果没有无产阶级加入,"五四运动"不可能取得胜利。

参考答案:这种表述准确。青年学生是"五四运动"先锋军,然而学生的爱国行动受到北洋政府的严厉镇压,正当学生的爱国运动面临夭折的危险时,中国工人阶级开始以独立的姿态登上历史舞台,突破知识分子的狭小范围,成为有工人阶级、小资产阶级和资产阶级参加的全国范围的革命运动,斗争的主力由学生转向了工人,工人在斗争中发挥了决定性的作用。

4.中国共产党的成立是历史的必然。

参考答案:这种表述准确。第一,思想基础,新文化运动,前期反封建,后期主要宣传马克思主义。第二,阶级基础,中国产业工人的发展、壮大及其逐渐觉醒。第三,组织基础,各地共产主义小组的建立。第四,外部原因,俄国十月革命的胜利以及共产国际的援助与支持。

5.孙中山民族、民权、民生的三民主义成为国共第一次合作的政治基础。

参考答案:这种表述准确。孙中山的新三民主义成为国共第一次合作的政治基础,即"联俄、联共、扶助农工",这个新三民主义的政治纲领同中共在民主革命阶段的纲领基本一致,因而成为国共合作的政治基础。

6.中国新民主主义革命,只有在坚决进行对资产阶级的斗争中才能取得彻底的胜利。

参考答案:这种表述不准确。中国新民主主义革命,是联合工人、农民、知识分子、民族资产阶级和小资产阶级,彻底地反对帝国主义、封建主义和官僚资本主义的革命,他们是压在中国人民头上的三座大山。但是在斗争中,一定要分清资产阶级和官僚资产阶级,不能笼统地一概打倒。

(四)综合问答题

1."五四运动"的意义是什么?

(1)是中国近代史上一次彻底的反帝反封建的革命运动,表现了反帝反封建的彻底性。把中国人民反帝反封建的斗争提升到一个新的水平线上。

(2)是一场真正的群众性的革命运动。青年学生起了先锋作用,中国工人阶级开始登上政治舞台,在运动后期发挥了主力军作用。

(3)促进了马克思主义在中国的广泛传播,促进了马克思主义同中国工人运动的结合,为中国共产党的成立做了思想和干部上的准备。一方面,工人阶级运动促进知识分子寻找同其结合的方式;另一方面,具有初步共产主义思想的知识分子在实际斗争中逐步转变成为马克思主义者。

(4)“五四运动”是中国新民主主义革命的伟大开端。“五四运动”发生在俄国十月革命之后,中国革命逐渐成为世界无产阶级社会主义革命的一部分。“五四运动”以后,无产阶级逐渐代替资产阶级成为近代中国民族民主革命的领导者。

2.为什么说自从有了中国共产党,中国革命的面貌就“焕然一新”了?

中国共产党一经成立,中国革命就展现了新的面貌:第一,第一次提出了反帝反封建的民主革命纲领,为中国人民指出了明确的斗争目标。第二,发动工农群众开展革命斗争,在中国掀起了第一次工人运动高潮,同时,中国共产党也开始从事发动农民的工作,农民的运动蓬勃发展。第三,实行国共合作,并在合作中发挥主导作用,掀起大革命高潮,推翻了北洋军阀的统治。

3.国共第一次合作的历史意义何在?

加快了中国革命前进的步伐,工人运动开始复兴,农民运动也有了初步开展,国共合作创办了黄埔陆军军官学校,为未来的革命战争准备了军事力量的骨干。

4.大革命失败的原因和教训是什么?

(1)失败的原因:

客观方面:反革命力量过于强大,大大超过了革命的力量;资产阶级发生严重的动摇、统一战线出现剧烈的分化;国民党右派叛变革命。

主观方面:中共中央领导机关在大革命后期犯了右倾机会主义的错误,放弃了无产阶级对于农民群众、城市小资产阶级和民族资产阶级的领导权,尤其武装力量的领导权;当时中国共产党还处在幼年时期,没有经验,缺乏对中国社会和中国革命基本国情的深刻认识,不善于将马克思列宁主义的基本原理和中国革命的实践结合起来;共产国际不真正了解中国的情况,对于中国革命做出了一些不切实际的指导。

(2)经验教训:党的领导、统一战线、武装斗争,是中国革命的基本问题。只有正确认识和解决了这些问题,才能推进革命事业的发展,并取得最后的成功。马克思列宁主义的基本原理必须与中国革命的具体实际相结合,才能找到中国自己的革命道路,指引中国革命走向胜利。

5. 中国的先进分子为什么和怎样选择了马克思主义?

(1)斗争实践——中国选择马克思主义是近代以来先进中国人向西方探索救国救民真理历史发展的必然结果。农民阶级、洋务派、维新派、革命派的努力先后失败。

(2)思想启蒙——五四新文化运动思想启蒙的结果;三次大论战,最终确立了马克思主义在中国革命的指导思想地位。

(3)阶级基础——五四前后工人阶级的壮大及其斗争为中国选择马克思主义提供了阶级基础和实践需求。

(4)外来影响——"一战"的影响:"一战"充分暴露了资本主义制度的内在矛盾,中国人对资本主义方案产生了怀疑;俄国十月革命的推动:十月革命给陷于彷徨、苦闷的中国人昭示了新的理想目标和建国方案,这就是走俄国人的路,搞社会主义。

6. 为什么说中国共产党的成立是开天辟地的大事变?

中国共产党是在特定的历史条件下成立的,它的成立是一个开天辟地的大事变。

首先,使富于斗争传统的中国人民有了凝聚自己力量的领导核心,给灾难深重的中国人民带来了光明和希望。从此以后中国人民有了可以依赖的组织者和领导者,中国革命从此不断向前发展,由民主革命向社会主义革命推进。

其次,使中国革命有了科学的指导思想,为中国的革命指明了方向。中国共产党以马克思主义为指导思想,把马克思主义同中国革命的具体实践相结合,制定了正确的革命纲领和斗争策略,为中国人民指明了斗争的目标和走向胜利的道路。

再次,中国共产党的成立使中国革命有了新的革命方法,并沟通了中国革命和世界无产阶级革命之间的联系,为中国革命获得广泛的国际援助和避免走资本主义道路提供了客观可能性。

7. 为什么说"五四运动"是中国新民主主义革命的开端?

(1)从世界范围来看,十月革命的胜利,标志着旧的资产阶级革命时代已经结束,无产阶级世界革命时代已经开始。在这个时代里,中国的资产阶级民主革命,已不再是资产阶级世界革命的一部分,而是世界无产阶级革命的一部分。

(2)从工人阶级的作用来看,"五四运动"后,中国工人阶级作为一支独立的政治力量登上中国政治舞台,工人阶级在"五四运动"中起了决定性作用,表明中国工人阶级已经开始担负起领导中国革命的历史任务。

(3)从指导思想来看,"五四运动"时虽然还没有中国共产党,但是已经有了大批的赞成俄国革命的具有初步共产主义思想的知识分子,运动的发生、发展都是同他们的宣传和指导分不开的。运动的理论武器,已不再是旧民主主义思想。

(五)材料题

1.阅读材料回答下列问题

(1)右倾机会主义,没有认清中国的国情,对无产阶级革命的低估和不信任,对中国国民党及所代表的大资产阶级没有认清本质。

(2)王明认为在统一战线中,要联合一切抗日的力量,不要因为其他原因而忽略了抗日的主题。对王明的看法,我们认为统一战线确实要团结一切可以团结的力量,但是对于谁是"友"我们一定要分清楚,不能在统一战线中丧失自我。

(3)新民主主义革命的领导权一定要掌握在具有革命性、确定明确革命纲领、掌握先进理论的无产阶级手中。

2.阅读材料回答下列问题

(1)民族其实质是指建立民族独立的国家;民权其实质是指创立民国;民生其实质是指平均地权。

(2)这个新三民主义的政纲同中共在民主革命阶段的纲领基本一致,因而成为国共合作的政治基础。大会实际上确定了联俄、联共、扶助农工三大革命政策。

(3)大会通过的宣言对三民主义做出了新的解释:在民族主义中突出了反帝的内容,强调对外实行中华民族的独立,同时主张国内各民族一律平等;在民权主义中强调了民主权利应"为一般平民所共有",不应为"少数人所得而私";把民生主义概括为"平均地权"和"节制资本"两大原则(后来又提出了"耕者有其田"的主张),并提出要改善工农的生活状况。

(4)中国共产党的目的是要组织无产阶级,用阶级斗争的手段,建立劳农专政的政治,铲除私有财产制度,渐次达到一个共产主义的社会。

五、延伸阅读

李大钊:《我的马克思主义观》(节选)

一个德国人说过,五十岁以下的人说他能了解马克思主义的学说,定是欺人之谈。因为马克思的书卷帙浩繁,学理深晦。他那名著《资本论》三卷,合计两千一百三十五页，其中第一卷是马氏生存时刊行的，第二、第三卷是马氏死后他的朋友恩格思替他刊行的。这第一卷和第二、三两卷中间，难免有些冲突矛盾的地方，马氏的书本来难解，添上这一层越发难解了。加以他的遗著未曾刊行的还有很多，拼上半生的工夫来研究马克思，也不过仅能就他已刊的著书中，把他反复陈述的主张得个要领，究不能算是完全了解“马克思主义”的。

我平素对于马氏的学说没有什么研究，今天硬想谈“马克思主义”已经是僭越得很。但自俄国革命以来，“马克思主义”几有风靡世界的势子，德奥匈诸国的社会革命相继而起，也都是奉“马克思主义”为正宗。“马克思主义”既然随着这世界的大变动，若动了世人的注意，自然也招了很多误解。我们对于“马克思主义”的研究，虽然极其贫弱，而自一九一八年马克思诞生百年纪念以来，各国学者研究他的兴味复活，批评介绍他的很多。我们把这些零碎的资料，稍加整理，乘本志出“马克思研究号”的机会，把他转介绍于读者，使这为世界改造原动的学说，在我们的思辨中，有点正确的解释，吾信这也不是绝无裨益的事。万一因为作者的知能简陋，有误解马氏学说的地方，亲爱的读者肯赐以指正，那是作者所最希望的。我于评述“马克思主义”以前，先把“马克思主义”在经济思想史上占若何的地位，略说一说。由经济思想史上观察经济学的派别，可分为三大系，就是个人主义经济学、社会主义经济学与人道主义经济学。个人主义经济学，也可以叫作资本主义经济学。三系中以此为最古。著《原富》的亚当·斯密（Adam Smith）是这一系的鼻祖。亚当·斯密以下，若马查士（Malthus）、李嘉图（Ricardo）、杰慕士·穆勒（JamesMill）等，都属于这一系。把这一系的经济学发扬光大，就成了正系的经济学，普通称为正统学派。因为这个学派是在模范的资本家国的英国成立的，所以英国以外的学者也称他为英国学派。这个学派的根本思想是承认现在的经济组织为是，并且承认在此经济组织内，各个人利己的活动为是。他们以为现在的经济组织，就是个人营利主义的组织，是最巧最妙、最经济不过的组织。从生产一面讲，各人为自己的利益，自由以营经济的活动，自然努力以致自己的利益于最大的程度。其结果：社会全体的利益不期增而自增。譬如各人所有的资本，自然都知道把他由利益较少的事业，移到利益较多的事业上去。社会全体的资本，自然也都舍了那利益较少的事业，投到利益较多的事业上去。所以用不着什么政治家的干涉，自由竞争的结果，社会上资本的全量自然都利用到社会全体最有利的方面去。而事业家为使他自己的利益达于最大的程度，自然努力以使他自己制品全体的价增大，努力以求其商品全体的卖出额换回很多的价来。社会全体的富是积个人的富而成的。个人不断地为增加自己的富去努力，你这样做，他也这样做，那社会全体的富也不期增而日增了。再从消费一面讲，我们日用的一切物品，都不是在自己家内生产的，都是人家各自为营利、为商卖而生产的。自己要得一种物品：米、盐、酱、醋，乃至布匹、伞、屐、新闻、杂志之属，都不是空手向人家讨得来的。依今日的经济组织，都是各人把物卖钱，各人拿钱买货。各人按着自己最方便的法子去活动，比较着旁人为自己代谋代办，亲切得多，方便得多，经济的多。总而言之，他们对于今日以各人自由求各自利益为原则的经济组织，很满足，很以为妥当。他们主张维持他，不主张改造他。这是个人主义经济学。也就是以资本为本位，以资本家为本位的经济学。以上所述个人主义经济学，有两个要点：其一是承认现在的经济组织为是；其二是承认在这经济组织内，各个人利己的活动为是。社会主义经济学正反对他那第一点。人道主义经济学正反对他那第二点。人道主义经济学者以为无论经济组织改造到怎么好的地步，人心不改造仍是现在这样的贪私无厌，社会仍是没有改造的希望，于是否认经济上个人利己的活动，欲以爱他的动机代那利己的动机；不置重于经济组织改造的一方面，而置重于改造在那组织下活动的各个人的动机。社会主义经济学者以为现代经济上、社会上发生了种种弊害，都是现在经济组织不良的缘故，经济组织一经改造，一切精神上的现象都跟着改造，于是否认现在的经济组织，而主张根本改造。人道主义经济学者持人心改造论，故其目的在社会的革命。这两系都是反对个人主义经济学的，但人道主义者同时为社会主义者的也有。现在世界改造的机运，已经从俄、德诸国闪出了一道曙光。从前经济学的正统，是在个人主义。现在社会主义、人道主义的经济学，将要取此正统的位系，而代个人主义以起了。从前的经济学，是以资本为本位，以资本家为本位。以后的经济学，要以劳动为本位，以劳动者为本位了。这正是个人主义向社会主义、人道主义过渡的时代。马克思是社会主义经济学的鼻祖，现在正是社会主义经济学改造世界的新纪元，"马克思主义"在经济思想史上的地位如何重要，也就可以知道了。本来社会主义的历史并非自马氏开始的，马氏以前也很有些有名的社会主义者，不过他们的主张，不是偏于感情，就是涉于空想，未能造成一个科学的理论与系统。至于马氏才用科学的论式，把社会主义的经济组织的可能性与必然性，证明与从来的个人主义经济学截然分立，而别树一帜，社会主义经济学才成一个独立的系统，故社会主义经济学的鼻祖不能不推马克思。

"马克思主义"在经济思想史上的价值，既如上述，我当更进而就他的学说的体系略为大体的分系，以便研究。马氏社会主义的理论，可大致分为三部：一为关于过去的理论，就是他的历史论，也称社会组织进化论；二为关于现在的理论，就是他的经济论，也称资本主义的经济论；三为关于将来的理论，就是他的政策论，也称社会主义运动论，就是社会民主主义。离了他的特有的史观，去考他的社会主义，简直是不可能。因为他根据他的史观，确定社会组织是由如何的根本原因变化而来的;然后根据这个确定的原因,以观察现在的经济状态,就把资本主义的经济组织,为分析的、解剖的研究,预言现在资本主义的组织不久必移入社会主义的组织,是必然的运命;然后更根据这个预见,断定实现社会主义的手段、方法仍在仍在最后的阶级斗争。他这三部理论,都有不可分的关系,而阶级竞争说恰如一条金线,把这三大原理从根本上联络起来。所以他的唯物史观说:"既往的历史都是阶级竞争的历史。"他的《资本论》也是首尾一贯的根据那"在今日社会组织下的资产阶级与工人阶级,被放在不得不仇视、不得不冲突的关系上"的思想立论。关于实际运动的手段他也是主张除了诉于最后的阶级竞争,没有第二个再好的方法。

毛泽东:《湖南农民运动考察报告》

1926 年,国民革命军出兵湖南,开始挥师北伐。随着北伐军的胜利进军,农民运动开始在两湖地区(湖南、湖北)轰轰烈烈地开展起来。农民运动的蓬勃发展,遭到国民党右派和封建地主豪绅的诋毁、破坏,也受到党内"右"倾错误领导人的怀疑和责难。

为了回击和驳斥党内外对于农民运动的攻击和责难,1927 年春,时任中共中央农民运动委员会书记的毛泽东实地考察了湘乡、湘潭、衡山、醴陵、长沙五县的农民运动情况,获得大量的第一手资料,并于同年 3 月写成《湖南农民运动考察报告》(简称《报告》),从理论和实践上对农民运动给予充分肯定。通过总结、归纳湖南农民运动的 14 件大事,《报告》从农民运动给农村带来的政治、经济、文化和社会等方面的巨大变革入手,阐明农民运动彻底改变了封建的旧农村,从而充分肯定了农民革命对中国革命的重大意义。同时,《报告》提出了解决中国民主革命的中心问题——农民问题的理论和政策,是大革命时期党在农村工作经验的总结,是论述民主革命时期农民问题的一部重要文献,为农村包围城市,武装夺取政权理论的诞生奠定了思想基础。在分析中国半殖民地、半封建社会的特点基础上,《报告》阐明了农民在中国革命中的历史地位和伟大作用。毛泽东深刻地指出:"宗教封建性的地主豪绅、不法地主阶级,是几千年专制政治的基础,帝国主义、军阀、贪官污吏的墙脚",而"打翻这个封建势力乃是国民革命的真正目标"。《报告》生动地描述了大革命时期中国农村的阶级状况和阶级斗争,热情地赞颂了正在兴起的农民运动,深刻地阐明了农民问题的极端重要性,第一次提出了建立无产阶级领导的农村革命政权和农村革命武装的伟大战略思想,丰富和完善了马列主义关于工农联盟的理论宝库,是无产阶级及其政党领导农民革命斗争的伟大纲领。同时,《报告》的发表,促使共产国际开始认识到中国农民的伟大革命力量,这为后来共产国际重新思索中国革命道路,对毛泽东的革命理论逐渐从注意到重视,再到支持铺下了重要的基石。

六、参考文献

[1] 中国革命博物馆，湖南省博物馆.湖南农民运动资料选编.北京：人民出版社，1988.

[2] 政协莲花县委员会.引兵井冈，在这里决策.北京：中共党史出版社，2006.

[3] 毛泽东.毛泽东给周世钊的信.北京：人民出版社，1990.

[4] 龙德成.马克思主义者瞿秋白.北京：中共党史出版社，2005.

[5] 彭明.中国现代史资料选辑第一辑(1919—1922).北京：中国人民大学出版社，1987.

[6] 彭明."五四运动"史(修订本).北京：人民出版社，1998.

[7] 林代昭.马克思主义在中国——从影响的传入到传播.北京：清华大学出版社，1983.

[8] "从"五四运动"到人民共和国成立"课题组.胡绳论"从"五四运动"到人民共和国成立".北京：社会科学文献出版社，2001.

[9] 彭明.中国现代史资料选辑第二辑(1924—1927).北京：中国人民大学出版社，1988.

[10] 中共中央党史研究室科研局.李大钊研究文集.北京：中共党史出版社，1991.

专题五

国民党在大陆的统治

一、教学目的与要求

通过本专题教学使学生对南京国民政府建立的背景和过程有所了解，明确南京国民政府的内外政策，掌握抗日战争时期国民党政策调整的内容和原因，客观评价分析国民党在抗日战争中的作用及国民党在大陆统治失败的原因。

二、教学内容提要

本专题主要讲述中国国民党在大陆曾经的两次辉煌，分析中国国民党在大陆统治覆灭的原因，从而认清中国共产党是中国历史和人民的选择。

三、重点问题解析

(一)抗战胜利后国民党政府是如何对日索赔的

向日本索取战争赔偿，是抗战胜利后国民党政府外交活动的重要内容之一。日本长达 14 年的侵华战争，给中国人民带来了深重的灾难和巨大的财产损失。据军事科学院研究统计：在日本侵华战争中，中国军民死伤 3 500 万人；中国的财产损失，据估计，直接损失 1 000 亿美元，间接损失 5 000 亿美元。日本战败投降后，理应对中国赔偿。而作为战胜国的中国，无论是出于民族感情还是按一般的国际惯例，都有权向战败的日本索取战争赔偿。开罗会议后，同盟国各国都把战后对日索赔提上了议事日程。国民党政府成立了行政院抗战损失调查委员会，加紧系统调查工作。1944 年 3 月 19 日，参事室外交组代表黄正铬参照苏联所订对德索赔办法，草拟了《战后对日媾和条件纲要》，指出日本除了应对中国进行军费赔偿外，还应用以下方式对中国予以经济赔偿：①赔款与债权。日本对华所得赔款无论已未交付，所享债权无论有无担保，一律取消。②损害赔偿。日本非法侵略中国所致一切公私损害,日本应负赔偿之责,并以实物或金钱交付。③投资与建设。日本在华所有投资以及在侵占或割让地区公私建设一律交与中国。④复兴资源。日本在若干年内应负责供应中国复兴建设所需资源及制成品。⑤债票伪钞。日本及其所支持伪政权在中国占领区域内所发行公债、伪钞、军用票及其他有价证券,应由日本政府以国际通货全部赎回。11 月 18 日,国民党政府外交部通过了《关于索取赔偿与归还劫物之基本原则及进行办法》。其中规定:①日本对中国赔款以实物为主;②中国与其他国家相比,受害最巨,故对日索取各项赔偿,应有优先权,如盟国实行总额分摊,中国应占日本赔偿总额的 50%以上;③凡在中国境内之日本公私财产,全部归中国政府,以作赔偿之一部;④日本境内可以充当赔偿之各种实物,应交中国以作赔偿之一部,这些实物包括军需工业及重工业工厂设备;⑤日本每年应将若干原料和产品,在规定期限内分期定量运交中国作赔偿之一部。由此可见,抗战结束不久,国民党政府就已放弃了向日本索取军费赔偿和以货币支付赔款,所索要的实物赔偿也不是依中国所受损害数,而是依据日本当时的赔偿能力而定。

索赔初期,国民党政府最关心的莫过于获得日本的军事装备,以增强内战实力。1945 年 10 月 1 日,国民党政府就向盟国提出:"日本海军设备,航空工业生产设备,拟由我方接受,作为抵偿损失之一部。"为此,当时中国驻美大使魏道明多次与美国国务卿贝尔纳斯洽商。1946 年 8 月,远东委员会决定,从日本的残余舰只中抽出 131 艘,作为盟国战利品,由中、苏、美、英 4 国平均分配。自 1947 年 6 月 24 日起,4 国代表在东京分 4 次抽签。在前 3 次抽签中,中国共抽得驱逐舰、护卫舰、运输舰 24 艘,每次 8 艘。

按照国际惯例和美国的要求,国民党政府将在华接收日本产业以作为赔偿中国损失之一部。1946 年 6 月 13 日,国民党政府行政院赔偿委员会通过了《接受国内日本产业赔偿我国损失记账原则及办法》,规定凡缴获日本方面的军舰、军械、飞机以及其他军事用品,皆为我方之战利品,战利品和伪组织、汉奸的财产不在赔偿之列。但由于东北的大批机器资产被苏军拆运走,国民党政府只接收到日本在东北资产的 1/5。据当时统计,日本在华资产可供赔偿的仅约值 3.5 亿美元。当时有关日本赔偿的核心问题是日本国内的实物拆充赔偿,在这一点上,盟国之间意见分歧很大。1945 年冬,美国赔偿专家鲍莱在经过对中国东北、朝鲜、日本一些地区的考察后,向杜鲁门政府提出了一个方案,主张将日本工业限制在 1926—1930 年的水准,而其余工厂尽速拆充赔偿,以"复兴东亚工业,监视日本之再起"。国民党政府则拟定了"日本赔偿设备紧急拆迁项目",主张日本工业应限制在从事侵略前的水平,拆充赔偿的工厂设备中,中国不应少于 50%。但由于各国争吵不休,至 1946 年底拆充赔偿工作仍无法进行。从 1946 年 9 月起,国民党政府多次要求美国单独行动，执行先期赔偿。1947 年 2 月 14 日，美国向远东委员会提出《日本赔偿先期交付案》，规定拿出拆充赔偿额的 30％，先期分配给中、英、荷、菲四国，其中中国占 15％，英、荷、菲各 5％。4 月 8 日，《日本赔偿先期交付案》开始实施。中国共运回三批工厂器材设备，第一批是机床工具类，共 7 686 部，重 52 034 吨；第二批是试验设备类，1 960 具，重 7350 吨；第三批是电气设备及剩余设备类，1 639 具，重 19 166 吨。其中电气设备有 1.5 万千瓦的蒸气发电机一套，450 千瓦的汽动发电机三套。这三批器材设备从 1947 年 4 月底开始分别运往青岛、上海和台湾基隆，至 1949 年 5 月全部运完。战后初期，美国为了抵御苏联在亚太地区的扩张，竭力扶持国民党蒋介石政权，一度积极支持国民党政府对日索赔。例如，在 1947 年 9 月远东委员会分配各国摊赔额时，美国不仅帮助中国取得总额的 30％，而且表示愿意将自己所获的 6％也给予中国。然而到了 1947 年底，美国便不再支持国民党政府对日索赔。因为一方面国民党政权在内战中连遭惨败，统治摇摇欲坠，美国对它已不抱太大的希望。另一方面随着美苏对立日益加剧，美国在 1947 年 5 月通过了援助欧洲的马歇尔计划，企图以此来遏制苏联在欧洲的影响。美国从全球战略出发，开始考虑日本未来在远东的地位和作用，因此对索取日本赔偿问题已经兴趣不大。1948 年 1 月，美国陆军部长洛耶尔明确表示要扶持日本，使之成为“防御今后远东方面的新的共产主义威胁的堡垒”。5 月，美国政府放弃鲍莱计划，置远东委员会于不顾，同意了陆军部代表克利福德·斯特耐克的方案，认为日本基本战争能力已被消除，其余工业应予保存，日本工业水准应维持在 1936 年的水平。过去拟拆日本重要工业的 3/4，现只拟拆 5 种工业。1949 年 5 月 12 日，美国政府片面通知远东委员会会员国，决定停止拆迁作为临时赔偿的日本工厂设备。6 月初，盟军总部正式宣布停止日本工厂的拆迁工作。这样一来，国民党政府只获得先期允诺分给中国 15％中的极小部分，约 2 200 万美元，与最初期望的 50％及 1947 年 9 月远东委员会分配给中国的摊赔额 30％相距甚远，赔偿已成为一种象征性的行为。国民党败退台湾后，仍继续向日本索取赔偿，但态度已不十分坚决，并更加唯美国马首是瞻。而此时美国为了建立反共反华的军事防线，已决意重点扶持日本，因而主张各盟国放弃赔偿要求，以与日本缔结和约。1951 年初，美国加快了缔结对日和约的步伐。这年 3 月，英国承认了中华人民共和国，并邀请新中国参加对日和约。5～6 月间，苏联也两次主张由中华人民共和国和苏、美、英三国共同举行外长会议，讨论对日和约。1951 年 9 月 4 日，美国在没有中、朝等主要作战国家参加的情况下，在旧金山召开了对日和约会议，同日本吉田茂政府签署了《旧金山和约》。《和约》第 14 条甲款规定：“日本政府应对其在战争中所引起的损害和痛苦给盟国以赔偿。”但接着又说：“如欲维持可以生存的经济，则日本的资源目前还不能够全部赔偿这些损害和痛苦,有关国家可以直接和日本举行谈判,日本可以给予必要的劳务赔偿。"这实际上是取消了日本的赔偿,因此引起了许多国家的强烈不满。由于未能参加对日和约,台湾国民党当局也向美国政府提出了抗议,但对《和的》取消赔偿一事却表示默认。《旧金山和的》签订后,美国为孤立、封锁新中国,竭力策动台湾与日本订约。而台湾国民党当局为摆脱困境,便不惜放弃赔偿,讨好日本,以订立和约。1952 年 4 月 28 日,《台日和约》正式签字。和约共 14 条,基本内容与《旧金山条约》大体相同。《台日合约》的签订,标志着台湾国民党当局完全放弃了向日本索取赔偿的要求。就这样,由于美国对日本的大力扶持以及国民党政权自身的软弱无能,抗战胜利后国民党政府的对日索赔以失败而告终。

四、强化训练与参考答案

(一)单项选择题

1. 国民党在形式上统一了全国,其标志性事件是(　　)

A. 宁汉合流　　B. 北伐战争

C. 张学良改旗易帜　　D. 中原大战

2. 下列关于"九一八"事变的影响的叙述,不正确的是(　　)

A. 它使中国东北沦为日本殖民地

B. 它使中国社会矛盾开始发生变化

C. 它使中共立即提出国共合作共同抗日的主张

D. 它冲破了凡尔赛—华盛顿体系

3. "九一八"事变后,中国国民党的态度是(　　)

A. 与共产党合作抗日　　B. 攘外必先安内

C. 以民族革命战争驱逐日本帝国主义

D. 建立广泛的抗日民族统一战线

4. "一二九"运动与"五四运动"比较,共同点是(　　)

①由中国共产党领导 ②背景是面临民族危机

③以青年学生为先锋 ④始于北京后扩大到全国

A. ①②③　　B. ①②④

C. ①③④　　D. ②③④

5. 国共之间由十年对峙向合作抗日转变的重要事件是(　　)

A. 华北事件　　B. 西安事变

C. 七七事变　　D. "一二九"运动

6. 美国《时代》杂志 1938 年 1 月 3 日载："……每位关心要闻的读者都知道，在 1937 年，日本的战争机器……(在上海)被卡住了 13 个星期之久，它的时间表第一次被中国的战争机器粉碎了。"这段话描述的历史事件是

A. 卢沟桥抗战　　B. 淞沪会战

C. 太原会战　　D. 台儿庄会战

7. 从北伐战争到抗日战争时期，国民政府所在地迁移的顺序是(　　)

A. 广州—武汉—南京—重庆　　B. 广州—南京—武汉—重庆

C. 广州—武汉—重庆—南京　　D. 广州—南京—重庆—南京

8. 中国抗日战争进入全国性抗战的新时期是在(　　)

A. 九一八事变爆发后　　B. 卢沟桥事变爆发后

C. 一二八事变爆发后　　D. 华北事变爆发后

9. 1958 年美国人伊罗生将美国对中国的总体看法分为以下六个阶段：①尊敬时期(18 世纪)，②轻视时期(1840—1905)，③乐善好施时期(1905—1937)，④赞赏时期(1937—1944)，⑤清醒时期(1944—1949)，⑥敌对时期(1949—)。其中第四阶段看法的成因是中国(　　)

A. 提出建立联合政府的主张　　B. 成为抗击法西斯的重要力量

C. 成为联合国常任理事国　　D. 成为美苏冷战的前沿

10. "上海的炮声应该是一个信号，这一次全国人民真的团结成一个整体了……我们为着争我们民族的生存虽至粉身碎骨，我们也不会灭亡，因为我们还活在我们民族的生命里。"这段文字出自巴金即时而作的《一点感想》。让作者有感而发的背景是(　　)

A. 抵抗八国联军侵略　　B. 辛亥革命推翻清廷

C. 北伐军队进入上海　　D. 抵抗日本全面侵华

11. 抗战初期，国民政府在正面战场组织多次会战，其最重要的意义在于

A. 消灭了日军大量有生力量　　B. 粉碎了日军速战速决的侵略

C. 取得了抗战以来最大的胜利　　D. 掌握了抗日战争的主动权

12. 抗战以来国民党在正面战场取得的最大胜利是(　　)

A. 淞沪会战　　B. 台儿庄战役

C. 太原会战　　D. 平型关大捷

13. 抗日战争爆发后，中共洛川会议决定八路军、新四军挺进敌后，广泛开展独立自主的游击战争，建立抗日根据地。其原因不包括(　　)

A. 日本帝国主义是军事强国　　B. 国民党实行片面抗战路线

C. 八路军、新四军人数少、装备差　　D. 英美的绥靖政策

14. 全面抗战路线和片面抗战路线两者最大的区别是(　　)

A. 要不要抗日　　B. 依靠哪些力量抗日

C. 采取哪些方法抗日　　D. 在正面战场还是敌后战场抗日

15. 1937 年 7 月 17 日,蒋介石发表:“我们的态度只是应战,而不是求战。应战是应付最后关头迫不得已的办法……在和平根本绝望之前一秒钟,我们还是希望和平的,希望以和平外交方式,求得卢事的解决。”下列表述对这段话表明的问题不正确的是(　　)

A. 日本的侵略尚未危及蒋介石及英美的主要利益

B. 蒋介石表示准备抗战

C. 蒋介石仍寄希望于和平解决

D. 蒋介石继续推行对内镇压政策

(二)多项选择题

1. 国民党统治期间的内外政策(　　)

A. 政治上,实行法西斯统治,主张消灭共产党及其军队

B. 经济上,官僚资本主义急剧膨胀,民族资本主义与农业的发展极为有限,甚至倒退。

C. 对外政策上,亲帝反苏解决农民问题

D. 对日态度上,坚决不抵抗

2. 华北事件后,国民党对日态度转变的原因(　　)

A. 国联的支持

B. 日本的侵略威胁到英美在华的利益

C. 日本的侵略威胁到国民党自身的统治

D. 共产党和全国人民要求一致抗日的呼声

3. 全面抗战以来国民党组织的正面战场有(　　)

A. 卢沟桥战役、长沙会战　　B. 太原会战、淞沪会战

C. 淞沪抗战、枣宜会战　　D. 徐州会战、武汉会战

4. 国民党正面战场失利的原因(　　)

A. 在双方力量对比上,敌强我弱

B. 国民党的政治腐败

C. 国民党在政治战略指导方针上实行了片面抗战的路线。

D. 国民党在军事战略战术的方针上采取了单纯的阵地防御战

5. 抗战即将胜利时，蒋介石开始抢夺抗战胜利果实(　　)

A. 利用美国的飞机、军舰把军队合理部署

B. 电令共产党不接受日本投降，争夺受降权

C. 国民党当权者不惜利用日伪和汉奸的力量，抢夺抗战胜利果实

D. 电邀毛泽东到重庆去谈判

6. 抗战胜利后，蒋介石电邀毛泽东到重庆谈判的原因(　　)

A. 诚心诚意和中共商讨国家大事

B. 发动战争的准备不足

C. 采取假和平策略欺骗人民

D. 把拒绝和谈、制造内战、破坏和平的罪名嫁祸于共产党

7. 蒋介石在 1949 年元旦发出“求和”声明的原因包括(　　)

A. 国民党在三大战役中大溃败

B. 国民党在长江以南难以组织起有效防御

C. 蒋介石企图“划江而治”

D. 解放军渡江作战

8. 全面内战爆发后，国统区的经济陷于空前严重的危机中。导致这种危机的原因是(　　)

A. 美国加紧经济侵略　　B. 国民政府的野蛮掠夺

C. 大规模战争的巨大消耗　　D. 民族资本家将资金转移至境外

E. 农业生产衰退，粮荒严重

9. 1947 年土地改革政策对内容包括(　　)

A. 实行减租减息

B. 没收地主土地，废除封建剥削的土地制度

C. 实行耕者有其田的土地制度　　D. 把土地分配给农民

E. 发展农业生产

10. 人民解放战争战略决战背景是(　　)

A. 敌我双方力量对比发生重大变化　　B. 我军兵力迅速增加，装备改善

C. 国民党兵力不足，开始重点防御　　D. 翻身农民踊跃参军参战

E. 蒋介石发出求和声明

(三)辨析题

1. 1928 年张学良东北易帜标志着国民党正式统一了中国。

2. 西安事变的和平解决标志着抗日民族统一战线正式形成。

3. 淞沪抗战是中国军队首次正面与日军作战。

4. 国民党在抗日战争初期，秉承"以空间换时间，以小胜积大胜"的原则，从东部退守到西南。

5. 抗日战争时期，国民党正面战场是抗击日军的主力，因此国民党是抗日战争的主要力量。

6. 国共第二次合作期间，国民党分裂破坏统一战线。

7. 国民党单方面撕毁政协协议，首先挑起内战。

(四)综合问答题

1. 试析南京国民政府统治初期的经济政策。

2. 华北事变后，国民党逐渐由对日不抵抗向对日强硬开始转变的原因是什么?

3. 如何评价中国国民党在抗战中的地位和作用?

4. 试析国民党正面战场失利的原因。

5. 抗日战争进入反攻阶段后，国民党是如何一步步抢夺抗战胜利果实的?

6. 国共第二次合作时期，国共双方的态度和政策有什么不同?

7. 抗日战争结束后，国共双方对未来中国的规划和设想有什么不同?

8. 国民党的统治在大陆失败的原因是什么?

(五)材料题

1. 阅读下列材料，回答问题。

关于国民党对大陆的统治在抗日战争胜利后仅 4 年就猝然崩溃的原因，台湾学界有一种颇具代表性的观点，就是把国民党政权的覆亡与第二次国共合作联系起来，认为第二次国共合作使共产党迅速"壮大"，导致了国民党在大陆的失败。蒋介石也对第二次国共合作悔莫如初，认为这是"政策和战略上的一个根本失误"。联系有关史实评析上述观点。

2. 阅读下列材料：

材料 1：1945 年 8 月 20 日蒋介石再次邀请毛泽东到重庆谈判的电报："大战方告结束，内争不容再有……如何以建国之功收抗战之果，甚有赖于先生之惠然一行，共定大计……"

材料 2：1945 年 10 月 13 日蒋介石给陆军总司令何应钦密电："抗战胜利，日寇投降……乃奸匪竟……企图破坏统一以遂其割据之阴谋，若不速予剿除，不仅八年抗战前功尽失，且必贻害无穷……此次剿共为人民幸福之所系，务本以往抗战之精神，遵照中正(注：蒋介石)所订剿共手本，督励所属，努力进剿，迅速完成任务。”

材料3：1945年11月6日蒋介石对高级将领的演讲：“回想这20年来，奸匪始终是本党唯一的敌人。”

材料4：（美国总统）杜鲁门回忆录：“事实上，蒋介石甚至连再占领华南都有极大困难……如果他不同共产党人及俄国人达成协议，他就休想进入东北。由于共产党人占领了铁路中间的地方，蒋介石要想占领东北和中南就不可能……假如我们让日本人立即放下他们的武器……那么整个中国就会被共产党人拿过去……因此，我们使命今日本人守着他们的岗位和维护秩序，等到蒋介石的军队一到，日本军队便向他们投降……这种利用日本军队阻止共产党人的办法是国防部和国务院的联合决定而经我批准的。”

请回答：

(1)蒋介石邀毛泽东到重庆谈判的理由是什么？国共双方经过9月—10月的谈判，有什么结果？

(2)蒋介石对中国共产党的真实态度是什么？以上所引材料中有何依据？

(3)蒋介石当时为什么要弄反革命两手？以上所引材料中有何依据？

(4)对于蒋介石玩弄的反革命两手，美国政府采取什么态度？

参考答案

（一）单项选择题

1.C　2.D　3.B　4.D　5.B　6.B　7.A　8.B

9.B　10.D　11.B　12.B　13.D　14.B　15.D

（二）多项选择题

1.ABC　2.BCD　3.BD　4.AD

5.ABCD　6.BCD　7.ABD　8.ABCE

9.CDE　10.BCDE

（三）辨析题

1.1928年张学良东北易帜标志着国民党正式统一了中国。

参考答案：错误。1928年张学良东北易帜标志着国民党形式上统一了中国。因为从1929年1月开始，国民党内部的新军阀蒋、桂、冯、阎开始互相厮杀，国民党内部战乱不断，并没有形成真正的统一。

2.西安事变的和平解决标志着抗日民族统一战线正式形成。

参考答案：错误。西安事变的和平解决成为时局转换的枢纽，标志着十年内

共产党对此进行“有理、有利、有节”的回击，维护抗日民族统一战线；第四，结局：形成抗日民族统一战线，打败了日本侵略者，赢得民族独立。

7. 抗日战争结束后，国共双方对未来中国的规划和设想有什么不同？

答：抗日战争结束之后，国民党一心要消灭共产党，重庆谈判只是为他打内战争取时间的，他希望可以建立一个由国民党一党专政的独裁统治；共产党在抗日战争结束之后，希望可以和国民党以及民主党派建立一个联合政府。

8. 国民党的统治在大理失败的原因是什么？

答：(1)基于主要矛盾任务上的分析：蒋介石国民党缺乏坚决反帝反封建的决心与现实表现，这是其失败的前提。

(2)指导思想上的分析：中国传统思想；日本武士道精神："尚武"的思想；封建帮会思想；德国的铁血统治：对德国的向往；武力、法西斯主义。

(3)政治上的分析：政治体制，背离“三民主义”，个人独裁；强化军事统治，消灭异己，黄埔优先；强化特务统治；实行保甲制度；代表的是大地主、大资产阶级的利益。

(4)经济上的分析：民族资本主义没有得到应有发展；农业凋敝；官僚资本“一枝独秀”；人民生活水深火热。

(5)廉政上的分析：贪腐问题严重侵蚀国民党肌体，最终导致其自我毁灭。

(五)材料题

1. 阅读下列材料，回答问题

答：(思路)主要阐述两个问题：国民党在大陆统治失败的主要原因；在抗日战争结束时，国共双方的力量对比情况。

2. (1)答：从材料1可以判断，蒋介石电邀毛泽东重庆谈判的理由：八年的抗日战争已经结束，国家虚弱，人民疾苦，不能再打内战，邀请毛泽东到重庆来谈和平建国的事宜。重庆谈判中，国共双方签订了“双十协定”，虽然后来蒋介石撕毁“双十协定”，但是它教育了广大人民，特别是中间势力，使中国共产党的主张得到了国内外舆论的广泛同情和支持，使国民党当局陷入被动。

(2)答：从材料2、3可以看出，蒋介石对中国共产党的真实态度是，认为中共是其心腹大患，坚决剿灭。“(奸匪)企图破坏统一以遂其割据之阴谋，若不速予剿除，不仅八年抗战前功尽失，且必贻害无穷……”“奸匪始终是本党唯一的敌人”。

(3)答：由于蒋介石在抗日战争中实行避战自保的方式，退守到大西南，抗日战争结束时，他的军队龟缩在大西南，对蒋介石非常不利，“他的棋子没有摆好”，他需要时间重新布局，把大批军队调到沿海、中东部以及东北地区。这需要时间，重庆谈判就是他耍反革命两手。材料 4 中“事实上，蒋介石甚至连再占领华南都有极大困难……如果他不同共产党人及俄国人达成协议，他就休想进入东北。由于共产党人占领了铁路中间的地方，蒋介石要想占领东北和中南就不可能”

(4)答：材料 4 中“因此，我们使命令日本人守着他们的岗位和维护秩序，等到蒋介石的军队一到，日本军队便向他们投降……”美国的态度是帮助蒋介石抢夺抗战胜利果实，包括受降权，接管被日本占领的城市、工厂等，避免被中共占领。

五、延伸阅读

国民党抗战纪实资料(节选)

除 1932 年“一二八”淞沪抗战和 1933 年长城抗战——即榆关、热河、长城三大战役外，自 1937 年 7 月至 1945 年 8 月之八年间，中华民国政府军发动大型会战 22 次，重要战斗 1 117 次，小型战斗 2 893 次。陆军阵亡、负伤、失踪3 211 419人。空军阵亡 4 321 人，毁机 2 468 驾。海军舰艇损失殆尽。其中壮烈牺牲在战场上的国民党将军即达 200 余位；为中共在 1985 年首次和公开承认者，就有 85 位；为中共史学界倡扬者，在 1986 年已经达到 115 位。自 1929—1933 年，从中央军校毕业的大约 25 000 名军官中，就有 10 000 名牺牲在战争全面爆发的前 4 个月。在历次大型战斗中，国民党官兵像山海关保卫战那样整连、整营、整团地为国捐躯者，屡见不鲜。据 1989 年后中国大陆史家记述，在 1937 年淞沪抗战中，“国民党官兵每小时的死伤数以千计，主力各师补充兵源达四五次之多，原有下级军官和士兵伤亡达 2/3，旅、团长伤亡竟达半数以上”。其牺牲的壮烈，在中华民族和世界各民族抗敌御侮的历史上鲜有其例。上海五行仓库八百壮士“中国不会亡”的壮烈歌声震撼全球。“多年来认为中国人是不善战斗和易受恫吓的英国人士，也惊于他们的骁勇善战和坚韧不拔了”。史摩莱少将说：“他从没有看过比中国的敢死队最后保卫闸北更为壮烈的事了”。1937 年 10 月 3 日，受命于津浦北段予敌以节节抵抗的德州守军运其昌旅四五八团，在日寇的夹攻之下，与山海关守军一样，据城死战，全团殉国。同月，在歼敌四万余人的山西忻口大战中，郝梦麟军长与刘家祺师长两位将军壮烈牺牲。1938 年 3 月，在津浦县南段为堵击敌军南下的藤县保卫战中，我军守城师长王铭章将军在发出“决以死拼以报国家”的最后电文之后，即于破城后的巷战中，与参谋长赵渭滨将军、邹绍孟将军同时壮烈殉国。同年春，台儿庄大战最激烈时分，第二集团军总司令孙连仲对师长池峰城所言“士兵打完了，你就自己填进去！你填过了，我就来填进去！”的话，足以催人泪下。冯玉祥后来称赞该役说：“……日本人想不到张自忠将军的军队那么听命令，那么勇敢……把日本军队打得落花流水。”1939 年 5 月，在随枣会战中，虽然“我方部队久经战斗，无充分补充，本已残破，又缺乏平射炮等武器，对冲击的坦克无法抵御，所幸士气尚盛。士兵据壕死守，即以血肉之躯与敌人坦克相搏斗，官兵的勇者竟攀登敌人的坦克之上，以手榴弹向车里投掷，作战的勇敢与牺牲的壮烈，笔难尽述”。1940 年 5 月，在枣宜会战中我虽然将日军的大部兵力包围在襄东平原地区，歼敌甚众，但因敌一部突围，第三十八集团军总司令张自忠将军“立由方家集率七十四师追击南窜之敌，铣日(16 日)在南瓜店附近与敌激战，敌以步骑三四千人附炮 20 余门向我反攻，非常激烈，我军殇之殆尽，敌以大部向我包围，接近总部，总司令抱有敌无我之决心，亲率总部官佐及特务营作最后的苦撑，卒因弹尽力孤，总司令竟以身殉国，官佐及特务营营长以下同作壮烈牺牲，生存无几”。蒋介石得知张自忠殉国，亲自纂文哭之。

六、参考文献

[1] 李新.国民革命的兴起(1923—1926).上海:上海人民出版社,1991.
[2] 苏仲波,杨振亚.国共两党关系史.南京:江苏人民出版社,1990.
[3] 王宗华.中国大革命(1924—1927).北京:人民出版社,1990.
[4] 桧林. 中国现代史.北京:高等教育出版社,1988(1999 年重印).
[5] 刘克祥,陈正平.中国近代经济史简编.杭州:浙江人民出版社,1999.
[6] 西安事变资料(一、二辑).北京:人民出版社,1980、1981.
[7] 军事科学院军事历史研究部.中国抗日战争史(下卷).北京:解放军出版社,1994.
[8] 徐勇.政府之梦——日本侵华战略.南宁:广西师范大学出版社,1993.
[9] 解学诗.历史的毒瘤——伪满政权的兴亡.南宁:广西师范大学出版社,1993.
[10] [日]关宽冶,岛田俊彦.满州事变.上海:上海译文出版社,1983.
[11] [日]井上清.日本军国主义.北京:商务印书馆,1985.
[12] 军事科学院军事历史研究部.中国抗日战争史(上、中、下).北京:解放军出版社,1991—1994.

专题六

幻想建立资产阶级民主共和国的中间势力

一、教学目的与要求

通过教学使学生了解民主党派产生的几个重要契机，在中国历史上发挥的历史作用，以及民主党派想要在中国实现资产阶级共和国方案的内容及行不通的原因。

二、教学内容提要

历史上产生的各民主党派的纲领以及其实践虽有其不切实际的一面，但也有积极和进步的作用，在推动中国近代化进程中拥有一定的历史地位。第三种势力、民主党派以及爱国民主人士，在民主革命历史上的斗争经历，给人们提供了认识中国国情、中国革命的宝贵的生动教材。

三、重点问题解析

(一)中国实行中国共产党领导的多党合作制的历史原因

中国实行中国共产党领导下的多党合作制有深刻的历史原因，这个制度是历史和人民的选择。中国人民之所以选择这一制度是因为：

第一，蒋介石残酷地镇压一切民主运动，不承认民主党派的合法地位，失去了广大人民的支持。蒋介石在发动内战的同时，对国统区的民主运动一直采取高压政策。1946 年，继“六·二三”下关惨案发生之后，7 月中旬，国民党特务又在昆明制造了骇人听闻的暗杀李公朴、闻一多的血案。蒋介石的内战和法西斯统治政策，招致了严重的政治经济危机。1947 年下半年，人民解放军由战略防御转入战略进攻，国民党因为战局不利而对人民采取更加野蛮的反动措施。早在 1947 年 5 月，国民党中央社就发表了捏造的所谓《中共地下斗争路线纲领》及某观察家谈话，诬蔑民盟、民建等民主党派已成了“暴乱工具”，这是国民党发出的打击民主党派的信号。5 月 31 日夜，国民党政府在成都重庆实行大搜捕，逮捕了数十名民盟盟员。10 月 7 日，在西安杀害了民盟中央常委西北总支部负责人杜斌丞。10 月 27 日，国民党政府内政部发主人以所谓“勾结共匪参加叛乱”的罪名宣布民盟为“非法团体”。民盟以张澜的名义发表了《中国民主同盟总部解散公告》，宣布自即日起民盟总部负责人辞职，总部解散，盟员一律停止政治活动。存在了七年的民盟被非法解散。从此，其他民主党派也不能公开活动了。民盟的被镇压，宣告了“第三大党”运动的失败和中间路线的破灭。

第二，中间党派被迫改变斗争方针，寻求与中国共产党的合作。在整个中国革命深入发展的过程中，中国各民主党派实行了政治路线和斗争方式上的转变。1947 年冬，国民党民主促进会、三民主义同志联合会和其他民主分子在香港召开国民党民主派联席会议，决定成立中国国民党革命委员会。1948 年 1 月 1 日，公开发表成宣言、行动纲领等文件，宣告正式成立。民革公开提出反对美国助长中国内战、反对蒋介石独裁统治、坚持孙中山三大政策、成立联合政府的政治主张。民盟遭到镇压后，沈钧儒、章伯钧等由上海秘密赴香港，筹备恢复民盟总部。1948 年 1 月 5 日至 19 日，沈钧儒、章伯钧主持召开了一届三中全会。会议通过了紧急声明、政治报告和宣言，否认国民党政府内政部宣布民盟为非法团体的无理决定，宣布恢复民盟的组织，重建领导机关。全会确定了支持人民革命武装反对反人民武装、反对美帝国主义的援蒋政策、彻底摧毁南京反动政府、实行耕者有其田、与共产党密切合作的新的政治路线，批判了过去的“中立”“中间”的说法。三中全会路线的确定是民盟的根本转变。同时期，以谢雪红为首的台湾民主自治同盟在香港宣布成立，并投入了支持人民解放战争和反对美蒋反动政策的斗争。

第三，中国共产党实行正确的方针政策，积极争取民主党派和爱国人士，共同筹划新政权的建立。1948 年 4 月 30 日，中共中央在纪念五一国际劳动节口号中，发出了“各民主党派、各人民团体、各社会贤达迅速召开政治协商会议，讨论并实现召集人民代表大会，成立民主联合政府”的号召，立刻得到各阶层人民的拥护。5 月 1 日，毛泽东致电李济深、沈钧儒就政协召开诸问题与之相商。5 月 5 日，在香港的各民主党派和无党派人士沈钧儒、章伯钧等联名发出响应号召的通电，并展开新政协运动。从 8 月起，各民主党派和无党派民主人士陆续北上进入东北、华北解放区，同中国共产党一起进行新政协的筹备工作，共商建立新中国的大计。1948 年 11 月 25 日中共代表高岗、李富春与到达哈尔滨的沈钧儒、谭平山、章伯钧、蔡廷锴、王绍鏊、朱学范、高崇民、李德全达成了《关于召开新的政治协商会议诸问题的协议》。1949 年 1 月 22 日李济深等 55 位民主人士联名发表《我们对于时局的意见》，表示愿在中国共产党领导下为人民民主革命迅速成功和新中国早日成立而斗争。

中国民主党派和无党派人士，从数十年的奋斗和失败中，认真总结了经验教训，认识到在中国"中间道路"走不通，愿意接受中国共产党的领导，与中国共产党共同担负国家、民族复兴的重任。所以说，中国实行中国共产党领导下的多党合作制是历史的选择，是各阶层人民的共同选择，是近代中国国情所决定的。

四、强化训练与参考答案

(一)多项选择

1. 民主党派产生的重要契机(　　)

A. 1925—1927年的大革命运动　　B. 抗日救国运动

C. 国民党的腐败统治

D. 抗战胜利后反对蒋介石独裁统战的斗争

2. 十年内战时期存在的民主党派有(　　)

A. 第三党　　B. 致公党

C. 国民党改组派　　D. 中国民权保障同盟

3. 抗日战争和解放战争时期的民主党派有(　　)

A. 中国民主建国会　　B. 中国民主同盟

C. 中国农工民主党　　D. 人权派

4. 民主党派产生的主要特点是(　　)

A. 各民主党派主要反映和代表民族资产阶级、城市小资产阶级及其知识分子的利益

B. 民主党派最初的政治纲领具有两面性，而以进步性、民主性为其主导方面

C. 民主党派想要确立大地主大资产阶级的政权

D. 民主党派从成立起就和共产党建立了不同程度的合作关系

5. 全面内战爆发前后，国民党反动派在国统区内制造了一系列暴行，主要有(　　)

A. 一二一血案　　B. 较场口血案

C. 五二〇血案　　D. 下关惨案

E. 李闻惨案

6. 资产阶级共和国道路在中国行不通的原因有(　　)

A. 帝国主义不允许　　B. 封建主义不允许

C. 人民大众不允许　　D. 中国民族资产阶级的软弱性

E. 国际无产阶级不援助

(二)辨析题

1. 第三条道路破产的根本原因是蒋介石的专制统治造成的。

2. 第三条道路的实质是要在中国建立大地主、大资产阶级专政。

3. 官僚资本主义成为新民主主义革命的对象之一,是因为它是资本主义。

(三)综合问答题

1. 简述民主党派的形成及主张,以及第三条道路。

2. 简述中国民主党派的历史作用。

3. 如何理解近代中国的三种建国方案、两个中国之命运?

4. 第三条道路破产的原因是什么?

(四)材料分析题

1. 阅读以下材料,回答问题。

材料 1:中国国民党乃是全国国民共有共享的一个建国的总机关。中国国民党如能存在一天,则中国国家亦必能存在一天,如果今日的中国,没有中国国民党,那就是没有了中国。如果中国国民党,革命失败了,那亦就是中国国家整个的失败。简单地说:中国的命运,完全寄托于中国国民党。如果中国国民党没有了,或是失败了,那中国的国家就无所寄托,不仅不能列在世界上四强之一,而且就要受世界各国的处分。自国家有机体的生命上说,没有了三民主义,中国的建国工作就失去了指导的原理。所以三民主义是国家的灵魂。自国家有机体的活动上说,没有了中国国民党,中国的建国工作就失去了发动的枢纽。所以中国国民党是国家的动脉。(蒋介石:《中国之命运》,1943 年)

材料 2:我们所说的中间路线,简单地说,"对内主张'调和国共',对外'兼亲美苏',路线就是这样的一条'中间路线',在今天中国,也只有这样的路线才是真正的民主的路线"。(民进中央会史工作委员会编版:《民进会史资料选辑》)

材料 3:我们共产党人,多年以来,不但为中国的政治革命和经济革命而奋斗,而且为中国的文化革命而奋斗;一切这些的目的,在于建设一个中华民族的新社会和新国家。在这个新社会和新国家中,不但有新政治、新经济，而且有新文化。……所谓中华民族的新政治，就是新民主主义的政治；所谓中华民族的新经济，就是新民主主义的经济；所谓中华民族的新文化，就是新民主主义的文化。……现在所要建立的中华民主共和国，只能是在无产阶级领导下的一切反帝反封建的人们联合专政的民主共和国，这就是新民主主义的共和国，也就是真正革命的三大政策的新三民主义共和国。（毛泽东：《新民主主义论》，1940 年）

根据上述材料回答下列问题：

1. 抗日战争即将结束时，中国国内存在哪几种建国方案？

2. 为什么中国共产党的建国方案最终成为中国人民的共同选择？

2. 以下是有关 1946 年“国民大会”的材料，阅读下列材料，并回答题后的问题。

材料 1：国民大会组织法，国大代表选举法和代表的选举，是 10 年前制定和举行的，已经不适合于 10 年后今天的中国情况，因此，对旧的必须重新考虑，必须修改，而不应坚持照旧不变。

如选举第 2 条第 4 项规定：“由国民政府指定者，240 名。”第 25 条规定：“辽吉黑热国大代表之候选人，由国民政府指定之”。除了指定之外，还有当然代表，如组织法第 3 条规定：“中国国民党中央执行委员会、监察委员及候补执行委员会，候补监察委员为国民大会当然代表。”我们的意见，改组后的国民政府应负责协同政治协商会议商定中国民主宪法草案及国民大会选举法、组织法，并立即根据新的选举法进行选举。（摘自中共代表邓颖超在重庆政治协商会议上关于国民大会问题的报告，1946 年 1 月 17 日）

材料 2.（1）宪法之通过，须经出席代表四分之三同意为之，（2）依（原）选举法规定之区域及职业代表 1 200 名照旧；（3）台湾、东北等新增各区以及职业代表共 150 名；（4）增加党派及社会贤达代表 700 名，其分配另定之；（注：中共及民盟的代表坚持他们两党派代表席位占代表总额的四分之一强）（7）总计国民大会之代表为 2 050 名。（摘自《政治协商会议决议案·国民大会案》，1946 年 1 月 31 日）

材料 3：现在开幕的所谓“国大”不只违背上述决议（注：指 1946 年 1 月的政协会议决议案）及精神，便连开会日期或延期也均自一党政府决定。代表名额，据 11 月 15 日上午政府已公布者竟达 1 580 人，在原协议 2 050 人中，已侵占其他党派名额 410 人，尤其是已侵占解放区 200 名代表名额至 140 人之多。（摘自周恩来在南京招待记者时的书面谈话，1946 年 11 月 16 日）

材料 4：从民国 21 年 12 月起，蒋介石也开始向他们的阿斗们说起召开国民大会议决宪法的故事来，一说就说了 14 年。到了今年 1 月，由于中共和民主同盟作了极大的让步，答应跟蒋介石10年前一手包办产生的所谓“国大”代表共同制宪，人民对于宪政的幻想，这才变成了合理的希望。但是这次他竟因为一时冲动犯了个大错误，在11月15日曾单独召开了所谓“国大”。蒋介石打出了最大的一张牌，但是他既不能满足人民，又不能压倒对方，却只把弄假成真的国大再弄真成假。一切历史家都会看出，这乃是蒋介石一生中最大的政治失败。（摘自1946年12月28日《解放日报》社论《弄真成假》）

请回答：

1. 参照材料1，指出国民党10年前搞的组织法、选举法和代表选举的要害是什么？为什么说它已经不适合于10年后的中国情况？
2. 根据上述材料，指出在政协会上，中共和民盟代表在国大代表名额问题上如何体现了原则的坚定性与策略的灵活性的统一？
3. 综合上述材料，“弄假成真”与“弄真成假”作何解释？为什么说这是蒋介石“最大的政治失败”？

参考答案

（一）多项选择题

1. ABD　2. ACD　3. ABC　4. ABD　5. ABCDE　6. AD

（二）辨析题

1. 第三条道路破产的根本原因是蒋介石的专制统治造成的。

   参考答案：错误。第三条道路破产的原因有：第一，帝国主义不允许中国独立地发展资本主义。第二，中国民族资产阶级自身软弱性特点。第三，近代中国社会矛盾和社会阶级斗争的尖锐、激烈，使得任何改良的、中间性的政治方案都失去了实现的可能性。

2. 第三条道路的实质是要在中国建立大地主、大资产阶级专政。

   参考答案：错误。第三条道路的主张是中国民主党派提出来的，他们代表着中国民族资产阶级，虽然有很多不同的党派，但它们的目的实质都一样，就是想在中国另外开辟一条使中国富强的资产阶级民主共和国道路。

3. 官僚资本主义成为新民主主义革命的对象之一，是因为它是资本主义。

   参考答案：错误，新民主主义革命的三大对象，帝国主义、封建主义、官僚资本主义，这是民主革命的任务。同时，官僚资本主义在中国也是资本主义的形式之一，因此，官僚资本主义成为社会主义革命的对象之一。

(三)综合问答题

1. 简述民主党派的形成及主张,以及第三条道路。

答:中国各民主党派与中间势力的产生、发展的重要契机是1925—1927年的大革命运动和以后的抗日救国运动,以及抗战胜利后反对蒋介石独裁统战的斗争。被称为第三种势力。它们试图另外开辟一条使中国富强的资产阶级民主共和国道路。

2. 简述中国民主党派的历史作用

答:第一,各民主党派虽然政纲不尽相同,但都主张爱国、反对卖国,主张民主、反对独裁,在抗战中,对反抗日本帝国主义侵略,特别是文化侵略,多国统区抗日民主运动的发展都起了积极作用。第二,各民主党派成立时,中国共产党就与他们建立了不同程度的合作关系,并在斗争实践中逐步发展了这种合作关系。第三,国民党坚持一党独裁,迫害民主党派进步人士,使得民主党派人士逐步转到新民主主义革命立场上,表示愿意接受中国共产党的领导,拥护建立人民民主的新中国。第四,中国共产党也邀请民主党派"积极参政,共同建设新中国",1949年9月,各民主党派积极参加了中国人民政治协商会议。

3. 如何理解近代中国的三种建国方案、两个中国之命运?

答:在全国解放战争时期,中国社会存在着三种不同的建国方案的激烈较量,面临着两个中国之命运的最后决战。这三种建国方案就是:以蒋介石国民党为代表的地主买办资产阶级,要建立一个大地主大资产阶级专政的半殖民地半封建的国家;以一些民主党派和无党派民主人士中主张"第三条道路"的人士为代表的民族资产阶级,要建立一个资产阶级专政的资本主义国家;以中国共产党为代表的工人阶级、农民阶级和城市小资产阶级,要建立一个无产阶级领导的人民大众的新民主主义的国家,并且经过这个人民共和国,到达社会主义和共产主义社会。由于中国民族资产阶级自身的软弱性和国际国内诸多条件的不允许,在两大对立阶级的激烈搏斗中,资产阶级共和国的幻想很快归于破灭,中国两种命运、两个前途的决定胜负的斗争,就构成全国解放战争时期历史的基本内容。

4. 第三条道路破产的原因是什么?

答:第三条道路破产的原因有:第一,帝国主义不允许中国独立地发展资本主义。第二,中国民族资产阶级自身软弱性特点。第三,近代中国社会矛盾和社会阶级斗争的尖锐、激烈,使得任何改良的、中间性的政治方案都失去了实现的可能性。

(四)材料分析题

1. 阅读以下材料,回答问题

(1)三种建国方案就是:以蒋介石国民党为代表的地主买办资产阶级,要建立一个大地主大资产阶级专政的半殖民地半封建的国家;以一些民主党派和无党派民主人士中主张"第三条道路"的人士为代表的民族资产阶级,要建立一个资产阶级专政的资本主义国家;以中国共产党为代表的工人阶级、农民阶级和城市小资产阶级,要建立一个无产阶级领导的人民大众的新民主主义的国家,并且经过这个人民共和国,到达社会主义和共产主义社会。

(2)地主阶级与买办资产阶级的方案,由于违背中国人民的根本利益,遭到了广大中国人民的唾弃,他们的反动统治也在根本上被推翻了。民族资产阶级的方案由于脱离中国实际,也没有得到中国广大人民群众的拥护,连提出此种方案的多数人最终也承认这个方案是行不通的。只有中国共产党提出的关于建立人民共和国的方案逐步获得了工人,农民,城市,小资产阶级乃至民族资产阶级及其政治代表的拥护,由此成了中国最广大人民群众的共同选择。

2. 阅读以下材料,回答问题

(1)它的要害是违背了民主的原则,其代表不是由人民选举产生,而是由国民党一党包办的。与 10 年前相比,这时抗日战争已取得胜利,人民的觉悟程度与民主要求大大提高,以中国共产党为代表的和干民主力量空前壮大。

(2)原则的坚定性体现在坚持国民大会不能由国民党一党包办,必须增加各党派代表名额,中共和同盟代表须占代表名额的四分之一强,以保证拥有否决权;策略的灵活性表现在承认了 10 年前由国民党一党包办产生的旧代表资格。

(3)"弄假成真"是指由十年前国民党企图一手包办的假国大演进到应按政协决议召开、各党派参加的真国大:"弄真成假"是指蒋介石又把应按政协决议召开的真国大,弄成了一党包办的假国大。蒋介石这一行为彻底暴露了他坚持一党专制的独裁统治,拒绝任何民主改革的真面目,激起了各阶层民众的强烈反对,在政治上空前孤立。

五、参考文献

[1] 王桧林．中国现代史．北京：北京师范大学出版社，1991.
[2] 李新，陈铁健．争取和平民主．上海：上海人民出版社，1996.
[3] 彭明．中国现代史参考资料选编(第6册)．北京：中国人民大学出版社，1989.
[4] 曹健民．中国民主党派的历史和现状．北京：中国人民大学出版社，1994.
[5] 萧超然．中国政治发展与多党合作制度．北京：北京大学出版社，1991.

专题七

中国历史和人民选择了中国共产党

一、教学目的与要求

通过教学使学生了解到中国共产党诞生的背景以及早期的活动，重点掌握在大革命失败后，中国共产党是如何探索中国革命，并逐步找到适合中国的农村包围城市武装夺取政权的革命新道路，了解在抗日战争时期，中国共产党面对民族危机，建立抗日民族统一战线，并成为抗日战争的中流砥柱，历史和人民最终选择了中国共产党。

二、教学内容提要

中国共产党之所以被历史和人民选择，是由于中国共产党的先进性决定的，是中国共产党始终代表先进生产力发展要求，代表着最广大人民的利益，代表先进文化前进方向，坚持科学理论指导，理论联系实际，不断加强自身建设，精诚团结；坚持群众路线，为人民服务，切实解决广大农民的土地问题；有所作为，担当起反对帝国主义、封建主义和官僚资本主义、实现民族独立、人面解放的历史重任；清正廉洁，有一不怕苦，二不怕死的革命英雄主义，有埋葬旧世界，建设新世界，实现社会主义、共产主义的理想信念；有正确的政治路线、政策策略。

三、重点问题解析

（一）如何看待中国共产党的诞生——驳“早产儿”的错误观点

在中国共产党建党前后，就有人说党的成立是“俄共的强制移植”，是“舶来品”、“卢布党”；在 20 世纪 80 年代后期，又有人散布党的成立“缺乏必要的社会基础”，“没有建党的觉悟和需要”等言论。总而言之，中国共产党不具备产生的必要条件，是历史的“早产儿”。诸如此类的观点是不成立的，其实质就是要削弱以至取消党的领导。

1. 中国共产党的诞生是近代中国革命发展的客观需要。

从1840年鸦片战争到中国共产党成立之前，中国人民为了挽救国家危亡、争取民族独立与国家富强，进行了艰苦卓绝的斗争。以洪秀全为代表的农民阶级革命派虽然建立了革命政权，并颁布了《天朝田亩制度》与《资政新篇》两个中国农民斗争史上绝无仅有的革命纲领，但是受小生产者狭隘思维方式和实践中落后生产方式的限制，不可能建立起与封建制度相对立的新社会制度，因此它同旧式农民战争一样，没有逃脱失败的命运。康有为、梁启超推行变法维新，企图走日本"明治维新"之路，即通过走君主立宪制的道路使中国步入现代化国家之列。事实上，改良的道路在各种矛盾异常尖锐的近代中国走不通，改良派只能发出"有心杀贼，无力回天"的感叹。辛亥革命是比较完全意义上的资产阶级民主革命，它推翻了延续2 000多年的封建帝制，但最终结果却是"无量头颅无量血，可怜购得假共和"，真正意义上的资产阶级民主共和国制度并没有在中国扎根，中国依然是在帝国主义统治下的半殖民地半封建国家。其后革命派发动的二次革命、护法运动均遭败绩。除了以政治革命和政治改革的方式改造中国的尝试外，还有人主张"实业救国"、"教育救国"、"外交救国"等，但其结果正如毛泽东所说："在一个半殖民地的半封建、分裂的中国里，要想发展实业，建设国防，福利人民，求得国家的富强，多少年来多少人做过这种梦，但是一概幻灭了。""五四运动"以前的中国历史证明，无论是农民阶级，还是资产阶级，都不可能找到国家和民族的出路。与此同时，国家的境况愈来愈坏，帝国主义对中国侵略和瓜分愈演愈烈，国内复辟狂潮、官僚政争、军阀混战接踵而至，致使山河破碎，生灵涂炭，人民处于水深火热之中。事实表明，中国革命正处在一个关键的十字路口，一个重要的转折点。如果中国不想继续沉沦下去，如果革命要走出彷徨绝望、屡战屡败、一筹莫展的阴影，必须要有一个面貌全新、朝气蓬勃的政党充当历史的火车头，而这个政党只能是无产阶级政党。20世纪20年代前后的中国，已经到了不建立无产阶级政党就难以把中国的民族民主革命再度推向前进的地步了。

2. 中国共产党的诞生具备了成熟的基本条件。

中国共产党的诞生不仅是中国革命发展的客观需要，也具备了其诞生的客观条件。即是说，这些条件一旦具备，一个崭新的无产阶级政党的产生是势在必然的。

(1)中国工人阶级的成长壮大和工人运动的发展，为中国共产党的诞生奠定了阶级基础。中国工人阶级是伴随着外国资本在华企业、中国早期的官僚资本企业和民族资本主义企业的产生、发展而成长壮大的。中国工人阶级作为旧制度的掘墓人，从它诞生之日起，就开始了反抗剥削和压迫的斗争。进入20世纪以后，随着工人阶级队伍的发展壮大,中国工人运动有了新的发展,罢工的次数显著增加,罢工的规模也愈来愈扩大,充分体现了中国工人阶级的革命斗争精神。"五四运动"以后,中国工人运动继续得到发展,各主要工业城市相继发生经济的、政治的罢工和示威游行。工人斗争的内容也从经济斗争转向政治斗争,工人们揭露资本家和包工头的罪恶,要求保障工人人格和从事社会活动的权利。"五四运动"时期,中国无产阶级开始了从自在阶级向自为阶级的转变,表明无产阶级建立自己政党的条件趋于成熟。可见,中国工人阶级的成长壮大和工人运动的发展,为中国共产党的诞生奠定了阶级基础。

(2)马克思主义在中国的广泛传播,为中国共产党的诞生奠定了思想基础。1915年的新文化运动为中国先进分子接受十月革命的影响,为马克思主义的传播创造了条件。1917年俄国爆发了十月革命并取得胜利,对中国人民产生了巨大的吸引力和榜样效应,它促进了中国人民的觉醒,拓宽了先进的中国人的视野;苏俄政府对中国革命的同情和声援也使中国人民倍感亲切。与此同时,资本主义文明的缺陷在第一次世界大战中和战争结束后日渐暴露,中国人对西方文明的怀疑和对帝国主义的不满日渐加深。他们开始从向西方寻找出路,转向研究和宣传十月革命和马克思主义,得出"走俄国人的路"的结论。中国最早歌颂十月革命和宣传马克思主义的是李大钊。1918年,他先后发表了《法俄革命之比较观》、《庶民的胜利》和《布尔什维主义的胜利》三篇文章,热情讴歌了十月革命的胜利,指出马克思主义必将在全世界取得胜利,并满怀信心地指出:"试看将来的环球,必是赤旗的世界。"李大钊的这几篇文章,标志着马克思主义在中国传播的开始,代表了中国先进分子对十月革命的正确认识和中国人民的新觉醒。"五四运动"后,以李大钊、陈独秀为代表的一批革命知识分子纷纷走上了宣传马克思主义的道路,他们创办刊物,组织团体,使马克思主义在中国得到广泛的传播,并逐渐成为后期新文化运动的主流。在十月革命的影响和李大钊的宣传带动下,毛泽东、周恩来、邓中夏等一批青年革命知识分子也都先后坚定了对马克思主义的信仰,转变成为共产主义者。他们开始运用马克思主义的立场、观点和方法去研究分析中国问题,并在扩大马克思主义阵地,促进马克思主义与中国工人运动相结合方面,起到了先锋和桥梁作用。后来又经过与反马克思主义思潮的斗争,扩大了马克思主义的影响,确立了自己在中国思想界的主导地位,使一部分知识分子迅速摆脱改良主义、无政府主义和修正主义的影响,划清了科学社会主义同各种资产阶级、小资产阶级社会主义派别的界限,确立对马克思主义的信仰。总之,"五四运动"前后马克思主义在中国的传播,使之成为引领中国思想界前进的先进思潮,为中国共产党的诞生提供了思想基础。

(3)"五四运动"促进了马克思主义与中国工人运动的结合,为党的产生做了干部上和思想上的准备。马克思主义建党学说告诉我们：一个无产阶级政党的产生必须具备阶级条件和思想条件，二者缺一不可，而且必须互相结合。如果马克思主义不同工人运动相结合，只能是书本上的理论，不会变成伟大的物质力量。而工人运动如果没有马克思主义的指导，只能是自发零散的、限于经济的斗争，不会有任何政治意义。因此，马克思主义必须和工人运动相结合。而中国共产党的诞生正是这种结合的产物。“五四运动”前后，中国工人阶级已开始觉醒并显示出巨大的威力，使一些先进的知识分子从工人阶级的身上看到了改造社会的中坚力量，也看到了自己的归宿。这些无产阶级先进分子汇合起来，形成了建党的骨干队伍，为中国共产党建立做好了干部准备。正是由于马克思主义与工人运动的结合，说明正式成立全国性的集中统一的中国共产党的条件日臻成熟。

(4)共产国际的帮助是中国共产党诞生的外部条件。1920 年 4 月，列宁领导的共产国际派代表魏金斯基等人来华，了解中国革命情况，并同中国革命组织建立联系。他们先后在北京和上海会见了李大钊、陈独秀等人，具体了解了中国工人运动和马克思主义传播的情况，介绍了俄国革命和共产国际的情况，交换了关于中国革命问题的意见，并对中国共产党的建党筹备工作给予了具体的帮助。一年后，共产国际又派马林来华，直接促成了中国共产党的建立。

综上所述，中国共产党的诞生既有坚实的阶级基础，又有广泛的思想基础以及两者的结合，同时又有共产国际的帮助，因此她的诞生是中国历史发展的必然。一些别有用心的人所散布的“缺乏社会基础”，“没有建党的觉悟和需要”、“俄共的强制移植”等，是缺乏事实根据的，其实质是想以此来否定中国共产党产生和存在的合理性，否定党的领导。

(二)为什么中国共产党在革命和建设中总是容易犯“左”倾错误?

在中国共产党 90 余年的历史上，曾经犯过土地革命战争时期的三次“左”倾错误，包括第一次“左”倾盲动主义、李立三“左”倾冒险主义和王明的“左”倾教条主义；在社会主义时期犯了“大跃进”和“文化大革命”的全局性“左”倾错误。那么为什么在我们党内接连不断地甚至一次比一次严重地出现“左”的错误呢？这是值得深思的一个重大问题。这些“左”倾错误，尽管发生在不同时期，但却有着不容忽视的共同之处。分析它们发生的共性原因，从中总结出历史教训，对于加强党的执政能力的建设，使全党和全国人民始终坚持党的基本路线，同心同德地将改革开放和中国特色的社会主义事业推向前进，具有重大意义。

我们党历史上多次发生“左”倾错误的共性原因，既有社会历史原因，又有政治体制、思想认识诸方面的原因。具体而言有以下几个主要原因：

第一，小资产阶级思想的影响是党内不断发生“左”倾错误的社会基础。在新民主主义革命时期，我们党处在小资产阶级的包围和影响之中。小资产阶级的政治倾向，因为其经济的不稳定地位和由此而来的思想方法上的主观片面性，一般表现为左右摇摆。小资产阶级具有“急躁病”的阶级特征，使党内主要领导人多次犯了思想上超越现实、行动上表现为急于求成的“左”倾错误。小资产阶级的急躁病是与它经济上的特点相联系的。小农经济的最大特征是自给自足，这种经济特点使他们能够在因受残酷剥削或较大自然灾害而导致破产的情况下，得到比较迅速的恢复。所以在几千年的历史中，小农经济虽然一次又一次地濒于破产，但又能转危为安。然而这种周而复始的循环影响到小农阶级的思维，使他们缺乏进行长期艰苦斗争的准备，而寄希望于一个早晨解决问题。受小生产者这种思维的影响，党内的小资产阶级革命家的许多代表人物希望革命马上胜利，以求根本改变他们今天所处的地位；因而他们对于革命的长期努力缺乏忍耐心，他们对于“左”的革命词句和口号有很大的兴趣，他们容易发生冒险主义情绪和行动。土地革命战争时期的党内三次“左”倾错误，尤其是王明的“左”倾机会主义错误，就不承认中国革命发展的不平衡性，总认为马上可以形成全国革命的高潮；总想在中国民主革命阶段就完成社会主义革命的任务，从而犯了严重的冒险主义错误。到了社会主义建设时期，虽然广大农民由小私有者转变为新型的社会主义劳动者，在集体所有制基础上从事生产活动，“小生产者”已经成为一个历史概念，但是几千年形成和积淀的思想意识与传统观念，却不可能在短期内退出历史舞台，它还会影响着人们的思想。正如邓小平指出的：“小生产的习惯势力……还顽强地纠缠着我们”，使我们党在1958年由于“小资产阶级的狂热性”，而犯了大跃进的错误。即总想一步跨进共产主义社会，把本来需要几年或者几十年才能达到的要求，变成一年或者几个月就要做到的指标。当然，希望迅速改变我国落后面貌的强烈使命感和赶超意识的本身并没有错，但如果这种愿望和意识超出了客观实际能够容许的程度，就容易产生急于求成和急躁冒进的情绪，从而陷入违背客观发展规律、超越发展阶段的“左”倾错误之中。

第二，封建主义残余的影响是党内不断产生“左”倾错误的重要历史原因。中国是一个有着几千年封建历史的国家，近代中国又是半殖民地半封建的社会，封建思想的遗毒、封建专制主义的残余对我们党影响较深。在土地革命战争时期，党内连续发生的三次“左”倾错误，尤其是王明“左”倾机会主义者，他们以太上皇的姿态，凌驾于党和人民之上，到处派出钦差大臣，打着“反右倾”、“改造和充实各级领导机关”的旗号，夺取各个根据地的党和红军的领导权。这些就是封建专制主义残余影响的表现。在组织上，三次“左”倾错误都搞的是家长制，即对待不同意见的同志不是采取民主的态度，而是实行惩办主义、一言堂，甚至是残酷斗争、无情打击的"左"倾政策。而这种家长制是历史非常久远的一种陈旧社会现象，是封建主义的残余。中国共产党领导人民进行了28年的新民主主义革命，推翻了封建主义的反动统治和封建土地所有制，是成功和彻底的，并在反对封建主义斗争中养成了优良的民主传统。但是，由于这些好的传统没有坚持下来和没有形成严格的完善的制度，由于长期封建专制主义在思想政治方面的遗毒不是很容易肃清，还由于我们党对肃清思想政治方面的封建主义残余影响的重要性估计不足，以后又很快转入社会主义革命，没有能够完成这个任务等原因，因此使党内从1958年批评反冒进、1959年反右倾以来，党和国家的民主生活逐渐不正常，一言堂、个人决定重大问题、个人崇拜、个人凌驾于组织之上一类家长制现象，不断滋长和发展。而毛泽东晚年犯严重错误就是同这种家长制作风有关，林彪、江青这两个反革命集团所以能够形成，也同残存在党内这种家长制作风分不开。以上内容说明，封建主义残余影响是毛泽东犯"文化大革命"错误的重要因素，同时也说明肃清封建主义残余影响的艰难性和长期性，所以今后我们要在批判资产阶级思想的同时，还要继续完成肃清思想政治方面的封建主义残余影响的任务。

第三，党的理论准备不足是党内不断出现"左"倾错误的首要原因。我们党内"左"倾错误之所以发生，并能得到贯彻执行而缺乏有效的抵制，首先是同党的理论准备不足分不开的。对我们党来说，无论是中国革命和建设，都是走了一条前人没有走过的路。因此需要我们党深入学习和研究马克思主义理论，要有深厚的马克思主义知识，同时要善于运用这些理论，用马克思主义的立场、观点和方法去解释中国革命和建设的规律，以解决革命和建设中实际问题。然而从党成立时起，党的理论就准备不足，缺乏必要的理论学习和研究，导致缺少对中国革命这一客观世界的正确认识能力，也缺乏对党内各种错误思想、特别是对打着马列主义旗号的教条主义错误识别能力。以王明为代表的"左"倾错误之所以能够发生，并在党内占据统治地位长达4年之久，除了共产国际的支持外，一个重要原因就是他们常常把马克思主义经典作家本本上的某些词句挂在嘴上，将许多理论水平低的党员给唬住了。正如邓小平所说的："有些理论家、政治家，拿大帽子吓唬人，不是右，而是左。"同时由于"左"倾错误往往与教条主义相伴随，犯"左"的错误的领导人用马克思主义的一些辞藻推行其路线，这就使"左"倾错误更具有迷惑性，不但容易扩大，而且难以纠正。另外，搞"左"的一套的人，常以百分之百的布尔什维克自居，谁不听他们那一套就被扣上反马克思主义的帽子、被撤职查办。而缺乏理论和实践经验的一些人，很容易被那些马克思主义的词句所欺骗，误认为真理就在所谓的马克思主义者手里，这样当"左"倾错误来临时，没有能力识别，更难以进行必要的抵制，而被卷入"左"的错误漩涡中。新中国成立后，由于我们党长期处于战争和激烈的阶级斗争环境中，对于迅速到来的新生的社会主义社会和大规模的社会主义建设事业，缺乏充分的思想准备与科学研究。另外，新中国成立以后党忙于不断的政治运动和繁重的经济建设，没有注意系统地提高干部和党员的理论水平，所以对于究竟什么是社会主义、什么是资本主义、什么是马克思主义、什么是修正主义都分不清。于是一些似是而非的观点被说成是马克思主义的，例如：认为社会主义社会在消费资料分配中通行的等量劳动相交换的平等权利，即马克思所说的"资产阶级权利"应该限制和批判，因而按劳分配原则和物质利益原则就应该限制；认为要以阶级斗争为纲，要坚持无产阶级专政下继续革命的理论等等。上述理论观点是对科学社会主义学说的曲解，但却被说成是马克思主义。这样，党就很难抵制毛泽东提出的这些"左"倾理论观点，而这些"左"倾理论观点的发展和实施就导致了"文化大革命"的发展和持续。

第四，高度集中的领导体制是党内容易发生"左"倾错误的关键原因。正确处理领袖与党的关系，是贯彻党的民主集中制与集体领导原则的重大问题。在国际共产主义运动中，领袖人物具有十分重要的作用，这是历史反复证明和不容置疑的。但是国际共产主义运动史上也由于没有正确解决领袖和党的关系问题而出现过一些严重偏差。即在斯大林领导共产国际时期，强调集中统一领导，忽视民主的发扬，实行的是"各国党的工作领导者个人高度集权制度"；这种领导体制，由于权力过分集中而形成了斯大林的个人专断以及个人崇拜的发展，斯大林在苏联党内斗争中的一系列错误做法，如肃清反扩大化、严重破坏社会主义法制都是同他的个人专断与个人崇拜分不开的。国际共产主义运动中的高度集权领导体制和由此而形成的严重偏差，对于我们党也产生了消极影响。照搬共产国际指示的王明教条主义及其执行者，为推行其"左"倾的政治路线，在组织上实行的是宗派主义的过火斗争和打击政策。即在党内对其错误路线怀疑、不同意、不满意、不积极拥护、不坚决执行的同志，一律扣上"右倾机会主义"、"富农路线"、"调和路线"、"两面派"等大帽子，进行"残酷斗争，无情打击"，甚至以对罪犯和敌人做斗争的方法来进行这种"党内斗争"。这些错误的党内斗争政策，是共产国际的高度集中领导体制所造成的个人专断弊端的反映。遵义会议以后，党中央和毛泽东发扬民主，对共产国际的指示采取了分析的态度，抵制了斯大林的一些不正确主张。总的来说，中央集体领导的情况是好的。然而，在社会主义改造基本完成以后，党的中心任务已不同于过去，社会主义建设任务又极为繁重和复杂，这种权力过于集中的一元化领导，越来越不适应社会主义事业的发展。所谓权力过分集中的现象，就是"在加强党的一元化领导的口号下，不适当地、不加分析地把一切权力过分集中于党委，党委的权力往往集中于几个书记，特别是集中于第一书记，什么事都要第一书记挂帅、拍板。党的一元化领导，往往因此而变成了个人领导”。因此，这种权力过分集中的领导体制，妨碍了民主集中制的实行，容易造成个人专断，破坏党的集体领导。但是对于这一问题，我们党长期没有足够的认识，加上对于斯大林时期苏联党内在这方面的严重偏差没有及时加以防范，同时也没有把党内民主和国家政治社会生活的民主加以制度化、法制化，从而这种容易形成个人专断和个人崇拜的权力过分集中的领导体制，就成了发生“文化大革命”的一个重要原因。

第五，对马克思主义某些理论的教条主义理解是党内不断产生“左”倾错误的主要原因。土地革命战争时期党内出现的三次“左”倾错误，其根本原因就是在领导中国革命时，不是把马克思主义基本原理同中国革命具体实践相结合，制定出符合中国实际的路线和政策，而是把外国革命经验神圣化，把马克思主义教条化。刘少奇在 1941 年曾指出：“中国共产党过去的屡次失败，都是指导上的失败，是在指导上的幼稚与错误而引起全党和重要部分的失败，而不是工作上的失败。”那么对马克思主义某些理论的简单化和绝对化，则都是教条主义式的对待马克思主义的表现。毛泽东对马克思主义的理论贡献是重大的，但对马列主义的一些理论的理解也出现了教条主义的倾向。例如，他在 20 世纪 70 年代将列宁对十月革命后未进行社会主义改造的俄国小生产的分析，即“小生产是经常地、每日每时地、自发地和大批地产生着资本主义和资产阶级”的理论搬到中国来用，从而形成一系列“左”倾的城乡经济政策和城乡阶级斗争的政策。另外，毛泽东在观察和处理社会主义社会发展进程中出现的政治、经济和文化等方面的新矛盾新问题时，容易把已经不属于阶级斗争的问题仍然看作是阶级斗争，并且面对新条件下的阶级斗争，又习惯于沿用和照搬过去熟悉的大规模急风暴雨式群众性斗争的旧方法和旧经验，从而造成阶级斗争的严重扩大化和绝对化。而这些“左”倾理论观点的发展，就直接导致了“文化大革命”的发生与持续。所以，无论是生搬硬套别国革命经验，还是机械地运用马克思、列宁著作中的某些论点或照搬以前革命经验，都是没有从实际出发，都犯了主观主义、教条主义的错误。这一点是我们党内不断发生“左”倾错误的根本原因。

第六，左比右好的传统观念是党长期犯“左”倾错误的重要认识原因。1927 年中共八七会议以后，党内有一种错误认识，认为右的根源来自敌对阶级的影响，是立场问题；而“左”的错误属于革命内部，是方法问题。这种错误认识与当时党内“左”倾情绪结合起来，就成为党内连续三次“左”倾冒险主义错误发生发展的动力。然而，遵义会议结束了王明“左”倾教条主义的统治，延安整风运动也从思想上弄清了“左”倾错误的实质、根源及改正的方法，为什么党在社会主义建设时期又犯了

20 年的“左”倾错误呢？这是因为历史的惯性仍在起作用。即人们总认为犯“左”倾错误的人，只是思想幼稚、方法简单，认为他们的革命立场是坚定的、革命大方向是正确的，犯了错误也可以原谅、不会受到严厉责备，也没有任何危险可言；而右的错误是根本性、方法性的错误，是丧失革命立场的表现，是要受到严重处分，是罪不可赦的。认为“左”的错误是小资产阶级思想在党内的表现，主观上是要革命的，属于党内矛盾；而右的错误则是资产阶级思想在党内的反映，是反革命，属于敌我矛盾。认为“左”的错误与右的错误相比较，其危害性和严重性要轻得多，并认为克服“左”倾错误比克服右倾错误要容易得多。所以，在共产党内和革命队伍中，就长期存在着一种右倾危险、“左”倾保险、“左”比“右”好、宁“左”勿“右”的传统观念或思维定式。这是导致我们党几十年“左”倾错误之所以根深蒂固、积重难返的思想认识上的原因。马克思主义认为，任何政党和个人完全不犯错误是不可能的。伟大的阶级正如伟大的民族一样，无论从哪方面学习都不如从自己所犯错误中学习来得快。针对上面分析我们党内不断发生“左”倾错误的原因，为了警惕和防止“左”的错误的再次发生或少发生，我们应该总结的历史教训是：首先，始终坚持实事求是的基本原则。实事求是是马列主义和毛泽东思想的精髓，是邓小平理论和“三个代表”重要思想的理论基石。从实际出发而不是从概念出发；从现实的实践出发，而不是从本本出发，就是实事求是的基本特征。“左”倾认识根源是主观唯心主义，是以主观和客观相分离、认识和实践相脱节为特征的。因此只有坚持实事求是的思想路线，才能从根本上防止和克服“左”倾错误的发生。其次，坚持和完善党的民主集中制。在坚决维护中央权威，保证中央政令畅通的同时，要加强党的集体领导，健全党内和国家政治社会生活的民主制度。因为我们党过去发生的历次“左”倾错误，固然与某些领导人的思想、作风有关，但是组织制度、工作制度方面的问题更重要。这些方面的制度好可以使坏人无法任意横行，制度不好可以使好人无法充分做好事，甚至走向反面。即使像毛泽东同志这样的伟大人物，也受到了一些不好制度的严重影响，以至对党和国家对他个人都造成了很大的不幸。所以说，坚持党的集体领导，完善党的民主集中制，是防止个人专断、个人崇拜作风和现象发生的有力武器。最后，要加强理论学习，提高全党的马克思主义水平。全党必须深入学习和研究马列主义、毛泽东思想、邓小平理论和“三个代表”的重要思想，不仅要有深厚的马克思主义理论知识，而且还要善于运用这些科学理论，分析我国改革开放的实际问题和世界局势的新发展，增强政治识别能力，用无产阶级思想改造和克服各种非无产阶级思想。只有这样，才能有效地防止“左”的错误的发生发展。

四、强化训练与参考答案

(一)单项选择题

1.“九一八”事变后,中国共产党及时发表宣言、通电,提出( )

A.国共两党亲密合作抵抗日寇 B.抗日救国十大纲领

C.以民族革命战争驱逐日本帝国主义 D.建立广泛的抗日民族统一战线

2.中国共产党发出“停止内战,一致抗日”的号召是在( )

A.蒋介石对中央苏区第四次“围剿”时 B.“何梅协定”签订后

C.瓦窑堡会议期间 D.西安事变发生后

3.“一二九”运动与“五四运动”比较,共同点是( )

①由中国共产党领导 ②背景是面临民族危机

③以青年学生为先锋 ④始于北京后扩大到全国

A.①②③ B.①②④ C.①③④ D.②③④

4.大革命时期的统一战线和抗日民族统一战线( )

A.都有共同的政治纲领 B.均采取党内合作方式

C.全具有反帝反封建性质 D.皆有各阶层广泛参加

5.中国共产党提出全面抗战路线,其主要内容是( )

A.政府与军队共同努力作战 B.在一切日本占领区都进行抵抗

C.海外华侨也要参加抗战 D.动员全民族一切力量,进行人民战争

6.抗日战争爆发后中共建立的第一个敌后抗日根据地是( )

A.晋绥根据地 B.冀鲁豫根据地

C.苏南根据地 D.晋察冀根据地

7.下列关于皖南事变的表述,正确的是( )

①它是国民党顽固派破坏抗战的行为 ②英美支持蒋介石发动皖南事变

③中国共产党坚决回击顽固派的进攻 ④抗日民族统一战线由此完全破裂

A.①②③ B.②③ C.①③ D.①③④

8.下列关于延安整风运动的表述,不准确的是( )

A.在思想上清算了“左”的和“右”的错误

B.实行了“惩前毖后,治病救人”的方针

C.确立毛泽东思想为全党的指导思想

D.为新民主主义革命在全国的胜利奠定了思想基础

9. 下列文献明确规定毛泽东思想为中国共产党指导思想的是(　　)

A. 中共"一大"通过的党纲　　B. 中共"七大"通过的党章

C. 中共"八七"会议的决议　　D. 中共遵义会议的决议

10. 抗日战争时期,根据地政权民主建设主要体现为(　　)

A. 建立中华苏维埃共和国　　B. 实行"三三制原则"

C. 开展整风运动　　D. 推行精兵简政政策

11. 下列关于抗战胜利的意义评述不恰当的是(　　)

A. 是中国近百年来第一次取得反对外来侵略的完全胜利

B. 为世界反法西斯战争做出了贡献

C. 提高了中国的国际地位　　D. 结束了半殖民地的历史

12. 抗战初期,中共党内出现的错误倾向主要是(　　)

A. 王明"左"倾关门主义　　B. 王明的新投降主义

C. 张国焘的分裂主义　　D. 陈独秀的右倾投降主义

13. 在民主革命时期,阶级成分最复杂的统一战线是(　　)

A. 国民革命联合战线　　B. 工农民民主统一战线

C. 抗日民族统一战线　　D. 人民民主统一战线

14. 中国抗日战争进入全国性抗战的新时期是在(　　)

A. "九一八"事变爆发后　　B. 卢沟桥事变爆发后

C. "一二八"事变爆发后　　D. 华北事变爆发后

15. 中国共产党一向认为中国革命的基本问题是(　　)

A. 党的问题　　B. 农民问题

C. 工人问题　　D. 民族资产阶级问题

(二)多项选择题

1. 毛泽东在《论持久战》中科学地预测,中国抗日战争的发展进程将经过(　　)

A. 战略防御阶段　　B. 战略退却阶段

C. 战略相持阶段　　D. 战略决战阶段

E. 战略反攻阶段

2. 1942年开始的延安整风运动的主要任务是(　　)

A. 反对主观主义整顿学风　　B. 反对宗派主义整顿党风

C. 反对党八股整顿文风　　D. 惩前毖后,治病救人

E. 挽救失足者

3. 抗日民族统一战线的中间势力包括(　　)

A. 小资产阶级　　B. 民族资产阶级

C. 开明绅士　　D. 地方实力派

E. 大地主大资产阶级

4. 抗日战争时期,不符合统一战线政策的口号是(　　)

A. 又联合又斗争　　B. 一切服从统一战线

C. 发展进步势力　　D. 孤立中间势力

E. 一切经过统一战线

5. 抗日民族统一战线呈现的新特点有(　　)

A. 形成了统一的国防政府和联合统帅部

B. 广泛的民族性和复杂的阶级矛盾

C. 国共双方都有政权、军队的合作

D. 国共两党在地位上完全平等,力量上基本均衡

E. 没有正式的固定的组织形式和共同的具体的政治纲领

6. 在统一战线中要把原则性和灵活性结合起来,无产阶级及其政党就必须做到(　　)

A. 在一定条件可以放弃自己的独立性

B. 在政治上使自己处于和同盟者一致的水平

C. 灵活运用各种斗争形式,及时地改变自己的策略,善于与同盟者达成必要的妥协

D. 对同盟者做出必要的、有原则有条件的让步,但这种让步以不伤害人民的利益为原则

E. 善于照顾同盟者的利益,至少不损害其利益

7. 中国共产党在长征途中召开的遵义会议,集中解决了在当时具有决定意义的(　　)

A. 政治问题　　B. 作风问题　　C. 思想问题　　D. 军事问题

E. 组织问题

8. 针对抗日战争进入相持阶段后统一战线内部出现的危机,中国共产党提出的三大口号是(　　)

A. 发展进步势力,孤立顽固势力　　B. 坚持抗战到底,反对中途妥协

C. 巩固国内团结,反对内部分裂　　D. 力求全国进步,反对向后倒退

E. 发展进步势力,争取中间势力

9. 1945 年 8 月，中共中央在对时局的宣言中明确提出的口号是（　　）

A. 和平　B. 民主　C. 团结　D. 独立　E. 自由

10. 中国共产党在抗日民族统一战线中对顽固派做斗争时采取“有理、有利、有节”的原则，这一原则的依据是（　　）

A. 大地主大资产阶级的亲英美派和汉奸亲日派是有区别的

B. 顽固派在抗日方面有既抗日又动摇但不愿投降的两面性

C. 顽固派在联共方面有既联共又反共但不愿决裂的两面性

D. 抗日民族统一战线的坚持是坚持抗战、争取胜利的基本条件

（三）辨析题

1. 南昌起义打响了中国共产党武装反抗国民党反动派的第一枪，从此中国革命进入城市暴动的新局面。
2. 八七会议结束了陈独秀的“左”倾冒险主义在中央的领导。
3. 中国共产党成功粉碎了国民党的四次大规模的“围剿”，当第五次反“围剿”失败，红军被迫长征。
4. 民主革命时期，中国共产党党员的绝大多数来自农民，因而它不是工人阶级先锋队。
5. 日本侵华的真正目的是为了帮助中国尽快地走上资本主义发展道路。
6. 抗日战争的胜利奠定了中国在国际上的政治大国地位。
7. 游击战在中国共产党抗日战争中提升到了战略的高度。

（四）综合问答题

1. 中国共产党成立后，中国革命呈现了哪些新面貌？为什么？
2. 中国红色政权存在和发展的原因和条件是什么？
3. 遵义会议的内容和历史意义是什么？
4. 以毛泽东为代表的中国共产党人是如何探索和开辟中国革命新道路的？
5. 20 世纪 20 年代后期和 30 年代前中期，中国共产党内先后出现了三次“左”倾错误，试分析其错误观点及一再出现的原因。
6. 如何理解抗日民族统一战线中的独立自主原则？
7. 中国共产党对民族资产阶级和大资产阶级采取的又联合又斗争的政策的区别是什么？
8. 为什么中国的抗战是持久战？中国共产党的全面抗战路线包括哪些内容？
9. 为什么说中国共产党是抗日战争的中流砥柱？

10. 为什么说中国的抗日战争是神圣的民族解放战争？

11. 历史和人民为什么选择中国共产党？

12. 抗日战争胜利的伟大意义和基本经验？

(五)材料题

1. 材料分析题，要求结合所学知识分析材料回答问题。

下面是 20 世纪二三十年代中国共产党内关于革命道路问题的几组材料：

材料 1：乡村是统治阶级的四肢，城市才是他们的头脑与心腹，单只斩断了他的四肢、而没有斩断他的头脑，炸裂他的心腹，还不能制他的最后的死命。——摘自李立三 1930 年 6 月《新的革命高潮前面的诸问题》

(有人)以为中国像西欧各国一样，大城市的经济力量可以统治全国，所以大城市暴动成功以后可以影响小城市及乡村；而在中国，则找不到一个大城市的经济力量能统治全国的。——摘自中共六届二中全会 1929 年 6 月政治问题报告

中国豪绅资产阶级因为资本主义发展的落后，不能成为一个整个阶级势力，他们内部分裂冲突，而没有组织全国家中央集权政府的能力。因此，革命不能有夺取"首都"，一击而中的发展形势。——摘自瞿秋白 1927 年 12 月《武装暴动的问题》

材料 2：(1)不要城市就是否认共产党是无产阶级政党，就是否认无产阶级对农民的领导，结果共产党只有变成小资产阶级农民党。(你们)在斗争的布置上有用乡村包围城市的企图，这种倾向是极危险的。——摘自中共中央 1929 年 2 月致湖北省委信

(2)红军、游击队和红色区域的建立和发展，是半殖民地中国在无产阶级领导之下的农民斗争的最高形式和半殖民地农民斗争发展的必然结果；并且无疑义地是促进全国革命高潮的最重要因素。——摘自毛泽东 1930 年 1 月《星星之火，可以燎原》

(3)现在就全国看来，农民运动的发展比较城市的工人运动要快得多，在这一种情势之下，若我们依然是将大部分的力量都用在城市中，实不如用在农村中的为好。革命势力占据了广大农村之后，可以结合起来包围城市，封锁城市，用广大的农村革命势力向城市进攻，必然可以得着胜利。——摘自中共中央机关刊物 1930 年 5 月《红旗》

(4)以为不要城市工人而用农村包围城市可以取得胜利，这无论在理论上还是事实上都是不通的。假使没有城市做领导，则任何乡村都是不能"联

合起来"的。并且,没有城市工人激烈斗争,则一切"包围城市"的计划完全是空谈。——摘自中国中央机关刊物 1930 年 5 月 24 日《红旗》

材料 3:如果革命的队伍不愿意和帝国主义及其走狗妥协,而要坚持地奋斗下去,如果革命的队伍要准备积蓄和锻炼自己的力量,并避免在力量不够的时候和强大的敌人作决定胜负的战斗,那就必须把落后的农村造成先进的巩固的根据地,造成军事上、政治上、经济上、文化上的伟大的革命阵地。借以反对利用城市进攻农村区域的凶恶敌人,借以在长期战斗中逐步地争取革命的全部胜利。——摘自毛泽东 1939 年 12 月《中国革命和中国共产党》

请回答:

分析材料 1,说明近代中国社会城乡关系的特点及其原因。

阅读材料 2,分析材料中的不同观点及其分歧的实质。

综合材料 1、2、3,指出中国革命新道路的客观依据和革命新道路理论的基本点。

2. 下面是第二次国内革命战争时期有关党的土地政策的一组材料:

材料 1:(1)没收一切土地归苏维埃政府所有,分配农民个别耕种。

(2)一切土地,经苏维埃政府没收并分配后,禁止买卖。

(3)分配土地后,除老幼疾病没有耕种能力及服务与公众勤务这以外,其余的人必须强制劳动。

(4)以人口为标准分配土地,男女老幼平均分配。

(5)以乡为单位分配土地。——摘自 1928 年 12 月《井冈山土地法》

材料 2:(1)没收一切公共土地及地主阶级的土地归兴国工农兵代表会议政府所有,分给无田地及少田地农民耕种使用。

(2)一切公共土地及地主阶级的土地,经工农兵政府没收并分配后,禁止买卖。

(3)以人口为标准分配土地,男女老幼平均分配。

(4)以乡为单位分配土地。——摘自 1929 年 4 月《兴国土地法》

材料 3:(苏维埃政府)应该通令各地各级政府,要求各地政府录令布告,推促农民耕种,在令上要说明过去分好了田即算分定,得田的人,即由他管所分得的田,这田由他私有,别人不得侵犯。以后一家的田,一家定业,生的不补,死的不退,租界买卖,由他自主。田中出产,除交土地税于政府外,均归农民所有。吃不完的,任凭自由出卖,得了钱来供给零用,用不完的由他储蓄起来,活该天敌,或经营商业,政府不得借词罚款,民众团体也不得勒捐。农民一家缺少劳动力耕田不完,或全无劳力一点不能自更的,准许出租。租完多少,以两不吃亏为原则,由各处议定。——摘自1931年2月毛泽东《关于加强春耕工作的意见》

请回答:

(1)材料1(《井冈山土地法》)的颁布有何意义?条文中尚有哪些不适合当时中国农村实际的政策规定?

(2)比较材料2与材料1,土地政策有什么原则的修正?为什么做这样的修正?

(3)比较材料3与材料1,土地政策又有哪些原则的修正?为什么做这样的修正?

(4)从上述土地政策的调整中可以获得什么教益?

3.下面是一组关于统一战线的材料:

材料1:国民党虽然有许多缺点与错误,然终为中国唯一革命的民主派,自然算是民主的联合战线中重要分子。反对帝国主义的联合战线:以工人农民及小资产阶级革命的党派或分子为主力军,向一切帝国主义者加以攻击;同时亦可联合半民族运动的党派,向一派帝国主义者作战。——摘自1922年11月《中国共产党对于目前实际问题之计划》

材料2:完成中国的民族解放及资产阶级民权革命之任务,现在已经完全放到工农运动身上,只有工农的民权独裁,才能履行这一任务;只有工农的民权独裁与国际帝国主义、封建地主阶级以及一切资产阶级直接斗争,——"民族"资产阶级亦在其中——如此,方能履行这一任务。——摘自1927年8月21日《中国共产党的政治任务与策略的议决案》

组织各色各种的反对帝国主义的公开组织,或者参加一切已经存在的反帝组织而夺取他们的领导。经过这些组织正确实行反帝运动中的下层统一战线和吸收广大的小资产阶级的阶层参加斗争。——摘自1931年9月22日《中央关于日本帝国主义强占满州事变的决议》

材料3:党的策略路线,是在发动、团结与组织全中国全民族一切革命力量去反对当前主要敌人——日本帝国主义与卖国贼头子蒋介石。只有最广泛的反日民族统一战线(下层的与上层的),才能战胜帝国主义与其走狗蒋介石。——摘自1935年12月25日《中央关于目前政治形势与党的任务决议》

材料4:在日本帝国主义继续进攻,全国民族革命运动继续发展的条件下,国民党中央军全部或其大部有参加抗日的可能。我们的总方针应是逼蒋抗日。一方面继续揭破他们的每一退让、妥协，丧权辱国的言论与行动；另一方面要向他们提议与要求建立抗日的统一战线，订立抗日的协定。——摘自 1936 年 9 月 1 日《中央关于逼蒋抗日问题的指示》

材料 5：根据于资产阶级及国民党内部的开始向着抗日救国方向的变化，本党从 1926 年 8 月即发表了“致国民党书”，提出了为“统一的民主共和国”而斗争的总目标。在这一总目标下，我们主张“联蒋抗日”与“国共合作”。西安事变发生后，本党本此方针，调解双方冲突，使内战得以避免，和平获得最后的胜利。本党对于联合全民族一致抗日的忠诚，至此才为全国各界所了解。西安事变的和平解决，无疑的是全中国民族的胜利，也是本党新政策的胜利。——摘自 1937 年 4 月 15 日《中央委员会告全党同志书》

请回答：

(1)阅读材料 1 和 2，指出“下层统一战线”与“联合战线”相比其构成有何变化？说明这一变化的主客观原因。

(2)比较材料 2、3、4、5，指出党的策略有何变化？

(3)根据材料 3、4、5，说明党的统一战线政策发生重大转变的客观依据。

(4)结合上述材料，指出为什么党在不同历史时期都十分重视统一战线问题？

参考答案

(一)单项选择题

1. C　2. B　3. D　4. C　5. D　6. D　7. C　8. C
9. B　10. D　11. D　12. A　13. C　14. B　15. B

(二)多项选择题

1. ACE　2. ABC　3. ABCDE　4. BDE　5. BCE
6. BCD　7. DE　8. BCD　9. ABC　10. BCD

(三)辨析题

1. 南昌起义打响了中国共产党武装反抗国民党反动派的第一枪，从此中国革命进入城市暴动的新局面？

参考答案：前半句话正确，大革命时期，共产党在与国民党合作当中丧失独立性和领导权，当国民党背叛革命时，非常被动，南昌起义是对国民党暴力反革命的暴力革命的第一次回击，打响了中国共产党武装反抗国民党反动派的第一枪。后半句错误，中国革命的城市暴动从 1921 年中国共产党成立时期就开始了。

2.“八七”会议结束了陈独秀的“左”倾冒险主义在中央的领导。

参考答案:错误,“八七”会议结束的是陈独秀右倾投降主义错误。

3.中国共产党成功粉碎了国民党的四次大规模的“围剿”,当第五次反“围剿”失败,红军被迫长征。

参考答案:正确,1931—1933 年,中国共产党成功粉碎了国民党的四次“围剿”,1934 年 10 月第五次反围剿失利,红军被迫开始长征。

4.民主革命时期,中国共产党党员的绝大多数来自农民,因而它不是工人阶级先锋队。

参考答案:错误,首先,共产党是不是哪个阶级的先锋队,不能看哪个阶级党员数量的多少,而是看它所代表的是哪个阶级的利益。其次,虽然农民占多数,但工人阶级掌握领导权。最后,在中国,工人农民本身一家,他们有着天然的联系,组成了最广泛的工农联盟。

5.日本侵华的真正目的是为了帮助中国尽快地走上资本主义发展道路。

参考答案:错误。日本侵华的直接目的是缓解国内的经济危机,帝国主义的侵略本质,是为了获得市场和原料,日本侵华反映出了日本军国主义者的狼子野心,想要征服世界,侵华战争只是征服世界的重要一步。

6.抗日战争的胜利奠定了中国在国际上的政治大国地位。

参考答案:错误,中国是世界反法西斯战争的四大国之一,中国战场是世界反法西斯四大主战场之一,中国不仅是打败日本法西斯的主战场之一,而且还有力地支援了盟国在各战场的作战,为世界反法西斯战争做出了巨大贡献。但据此就说,奠定了中国在国际上政治大国的地位还为时尚早,因为中国是一个弱国,不可能同美、英、苏三大强国平起平坐,但盟国的所有重大决定都请中国参加或征询中国的意见,表明中国在战时就受到美、英、苏等世界大国的重视。即是说,中国在第二次世界大战中就开始走向世界,在国际舞台上发挥着重要作用。

7.游击战在中国共产党抗日战争中提升到了战略的高度。

参考答案:正确,毛泽东为阐明这个问题专门写了《论持久战》和《抗日游击战争的战略问题》,抗日战争中,我们是大而弱的国家对抗小而强的国家,这就决定了抗日游击战争主要的不是在内线配合正规军的战役作战,而是在外线单独作战,也就是说,游击战成为除正规军正面战场正规作战以外的另一种主要作战方式,它是由当时中国的国情来决定的,因此,游击战在中国共产党抗日战争中提升到了战略的高度。

(四)综合问答题

1. 中国共产党成立后,中国革命呈现了哪些新面貌?为什么?

答:有了新的领导阶级,即由无产阶级通过共产党领导革命;有了新的指导思想,即马列主义;有了新的革命方法,无产阶级通过暴力革命,建立无产阶级专政的政权;有了新的革命前途,即经过新民主主义到社会主义;有了新的革命时代背景,即成为世界无产阶级社会主义革命的组成部分。

2. 中国红色政权存在和发展的原因和条件是什么?

答:客观条件:第一,政治经济发展的不平衡;第二,良好的群众基础;第三,继续发展的革命形势。主观条件:第四,相当力量的正式红军的存在;第五,共产党组织的正确领导,其中,最为重要的两点是第一点和第五点。

3. 遵义会议的内容和历史意义是什么?

答:遵义会议是中国共产党历史上的一次重要会议。它结束了王明"左"倾冒险主义在党中央的统治,确立了以毛泽东为核心的新的党中央的正确领导和毛泽东在红军和党中央的领导地位。在党生死攸关的危急关头挽救了党,挽救了红军,挽救了中国革命,使红军在极端危险的境地得以保存下来,胜利地完成长征,开创了抗日战争的新局面。它证明中国共产党完全具有独立自主解决自己内部复杂问题的能力,是中国共产党从幼年走向成熟的标志。

4. 以毛泽东为代表的中国共产党人是如何探索和开辟中国革命新道路的?

答:"八七"会议中共中央提出依据"找着新的道路"的要求,初步提出了相机占领某个县或几个县、建立革命政权、实行武装割据的思想。1928 年 6 月,中共六大肯定了农村根据地和红军是决定革命新高潮的更大的发展基础和重要力量。1929 年 9 月,周恩来代表中共中央给红四军前委的指示信中指出"先有农村红军,后有城市政权,这是中国革命的特征,这是中国经济基础的产物。"1930 年 5 月,中共中央机关刊物发表署名文章,明确提出:革命势力占据了广大农村之后,即可以联合起来包围城市、封锁城市,用广大的农村革命势力向城市进攻,这样,革命必然取得胜利。

5. 20 世纪 20 年代后期和 30 年代前中期,中国共产党内先后出现了三次"左"倾错误,试分析其错误观点及一再出现的原因。

答:第一次是 1927 年 11 月至 1928 年 4 月的"左"倾盲动错误,第二次是 1930 年 6 月至 9 月以李立三为代表的"左"倾冒险主义,第三次是 1931 年 1 月至 1935 年 1 月以王明为代表的"左"倾教条主义。

我党连续犯三次"左"倾错误的原因是:其一,"八七"会议以后党内一直存在着浓厚的“左”倾情绪始终没有得到认真清理。其二,共产国际对中国共产党内部事务的错误干预和瞎指挥。其三,主要的原因在于,党还处在幼年,不善于将马列主义普遍原理与中国革命的实际全面地正确地结合起来。

6. 如何理解抗日民族统一战线中的独立自主原则?

答:统一战线中的独立自主问题,实质上是在统一战线中的领导权问题,也是决定中国抗日战争胜败的根本问题。就是说,既不要破裂统一战线,又不可自己束缚自己的手脚,要在坚持民族统一战线的根本原则下,独立自主地发展革命力量。我们党之所以必须坚持统一战线中的独立自主原则,是因为:只有坚持“统一战线中的独立自主”的原则,才能克服我党在抗日民族革命战争中的最基本的弱点,即党的组织力量微弱,全国的群众力量薄弱,全国工农基本群众还没有组织起来。不克服这个弱点,是不能战胜日本帝国主义的。要达到这个目的,一定要实行统一战线中的独立自主原则,一定要克服投降主义或迁就主义。坚持统一战线中的独立自主原则,一方面是要保持我们党已经取得的阵地,因为这是我们的战略出发地;另一方面而且是主要的,就是为了发展阵地,动员千百万群众进入抗日民族统一战线,打倒日本帝国主义。同时,只有坚持统一战线中的独立自主这个原则,才能坚持抗战,掌握抗日战争的领导权,取得抗日战争的最后胜利。

7. 中国共产党对民族资产阶级和大资产阶级采取的又联合又斗争的政策的区别是什么?

答:在民主革命时期,毛泽东把中国资产阶级区分为大资产阶级和民族资产阶级两部分,大资产阶级是帝国主义豢养的,历来是中国革命的对象,民族资产阶级具有两面性:即革命性和妥协性,针对其两面性中国共产党采取的是既联合又斗争的政策。在社会主义革命和建设时期,民族资产阶级既有拥护宪法和社会主义制度的一面,又有剥削工人取得利润的一面,中国共产党对其采用和平赎买的政策,而对于大资产阶级的财产进行没收,对其进行改造。

8. 为什么中国的抗战是持久战?中国共产党的全面抗战路线包括哪些内容?

答:中日双方存在着互相矛盾的四个基本特点:敌强我弱、敌退步我进步、敌小我大、敌失道寡助我得道多助。日本是一个帝国主义强国,“中日国力、军力对比简表”表明其军力、经济力和政治组织力非常强大,但是它的国小,人力、物力、财力不足,加之战争的非正义性、野蛮性,必然失道寡助。中国虽是半殖民地半封建的弱国,但地大物博,人多兵多,为了维护国家主权,捍卫民族独立,必能爆发出无坚不摧的民族凝聚力,促使党派团结、军队合作,得到全民的支持和国际上的援助。这些基本特点决定了抗日战争是持久战,最后胜利属于中国。全面抗战就是依靠全民族的力量进行抗战。这个路线是中共在1937年秋的洛川会议上做出的，路线提出后，共产党领导的新四军、八路军挺进敌后，建立了广泛的抗日根据地。

9. 为什么说中国共产党是抗日战争的中流砥柱？

答：中国共产党成为抗日战争的中流砥柱的根本原因：中国共产党始终是中国工人阶级先锋队，是中国人民和中华民族的先锋队。关键原因是中国共产党采取正确的对日作战方针。中国共产党成为抗日战争中流砥柱的客观体现是中国共产党在抗日战争中的发展壮大：抗战时期党的自身建设是中国共产党成为中流砥柱的基础，抗战时期党的政治发展方向是中国共产党成为中流砥柱的前提条件，抗战时期战场的转变和抗日民族根据地的建设是中国共产党成为中流砥柱的重要保证。中国共产党成为抗日战争的中流砥柱的直接体现是，各民主党派对两党的态度转变和两党的社会认知度变化。客观评价国民党在抗战中发挥的不可替代的历史作用，全面深刻认识国共两党在抗日战争中所扮演的不同的历史角色。

10. 为什么说中国的抗日战争是神圣的民族解放战争？

答：从世界意义上看，世界反法西斯战争是人类历史上规模空前的战争，中国的抗日战争是世界反法西斯战争的重要组成部分，中国人民抗日战争的胜利，对世界各国夺取反法西斯战争胜利、维护世界和平的伟大事业产生了巨大影响。从战争的性质上看，抗日战争是半殖民地半封建的中国和帝国主义的日本之间在20世纪30年代展开的一个决死战争，是一个民族反对另一个民族侵略、压迫、奴役的战争。中国是正义的、进步的反侵略战争，是得道的；日本是非正义的、野蛮的、侵略战争，是失道的。日本侵略者肆意践踏中国的大好河山，屠杀中国军民，强行掠夺中国劳工，蹂躏和摧残妇女，进行细菌战和化学战，制造了南京大屠杀等一系列灭绝人性的惨案，犯下了令人发指的罪行，使源远流长的中华文明遭到了惨重破坏，使中华民族蒙受了巨大损失。从战争的结果上看，中国人民抗日战争，是近代以来中华民族反抗外敌入侵第一次取得完全胜利的民族解放战争，是20世纪中国和人类历史上的重大事件。中国人民彻底打败了日本侵略者，捍卫了中国的国家主权和领土完整，使中华民族避免遭受殖民奴役的厄运。

11. 历史和人民为什么选择中国共产党？

答：(1)坚定不移的理想信念，是共产党人战胜苦难、走向辉煌的精神动力。(2)不屈不挠的钢铁意志，是共产党人战胜苦难、走向辉煌的根本保证。(3)实事求是的实践精神，是共产党人战胜苦难、走向辉煌的制胜法宝。

(4)心系人民的服务宗旨,是共产党人战胜苦难、走向辉煌的力量之源。

12. 抗日战争胜利的伟大意义和基本经验?

答:意义:(1)中国人民抗日战争的胜利,彻底打败了日本侵略者,捍卫了中国的国家主权和领土完整,使中华民族避免了遭受殖民奴役的厄运。(2)中国人民抗日战争的胜利,促进了中华民族的觉醒,使中国人民在精神上、组织上的进步达到了前所未有的高度。(3)中国人民抗日战争的胜利,促进了中华民族的大团结,弘扬了中华民族的伟大精神。(4)中国人民抗日战争的胜利,对世界各国夺取反法西斯战争的胜利,维护世界和平的伟大事业产生了巨大的影响。

经验:(1)全国各族人民的大团结是中国人民战胜一切艰难困苦、实现奋斗目标的力量源泉。(2)以爱国主义为核心的伟大民族精神是中国人民团结奋进的精神动力。(3)提高综合国力是中华民族自立世界民族之林的基本保证。(4)中国人民热爱和平,反对侵略战争,同时又绝不惧怕战争。(5)只有坚持中国共产党的领导,中华民族才能捍卫自己的生存和发展的权利,才能创造美好的未来。

(五)材料题

1. 材料分析题,要求结合所学知识分析材料回答问题。

(1)特点:城市没有力量统治广大的农村,农村可以脱离城市而相对独立存在。

原因:近代中国经济发展极端不平衡,自然经济占有显著优势,资本主义经济发展很微弱;统治阶级内部四分五裂,中国长期处于不统一的状态。

(2)在材料2中,(1)(4)坚持以城市为中心,反对走农村包围城市的道路;(2)(3)主张以乡村为中心,坚持走农村包围城市的道路;分歧的实质,是从中国实际出发,还是照抄照搬俄国十月革命的经验。

(3)客观依据:近代中国国情决定了强大的敌人长期占据着中心城市,广大的农村是敌人统治的薄弱环节。基本点:将党的工作重心放在农村,把落后的农村变成先进的根据地,在农村积蓄和发展革命力量,以农村包围城市,最后夺取全国胜利。

2. 材料分析题,要求结合所学知识分析材料回答问题。

(1)它以法律的形式肯定了农民分配土地的神圣权利,不适合实际的规定是:没收一切土地而不是只没收地主土地;土地所有权属于政府而不是属于农民,禁止土地买卖。

(2)把“没收一切土地”改为“没收一切公共土地及地主阶级土地”。没收一

是那种并未经过民主革命影响的地方，例如四川、贵州、云南及北方各省，而是在1926和1927两年资产阶级民主革命过程中工农兵士群众曾经大大地起来过的地方，例如湖南、广东、湖北、江西等省。这些省份的许多地方，曾经有过很广大的工会和农民协会的组织，有过工农阶级对地方豪绅阶级和资产阶级的许多经济的、政治的斗争。所以广州产生过三天的城市民众政权，而海陆丰、湘东、湘南、湘赣边界、湖北的黄安等地都有过农民的割据。至于此刻的红军，也是由经过民主的政治训练和接受过工农群众影响的国民革命军中分化出来的。那些毫未经过民主的政治训练、毫未接受过工农影响的军队，例如阎锡山、张作霖的军队，此时便决然不能分化出可以造成红军的成分来。第三，小地方民众政权之能否长期地存在，则决定于全国革命形势是否向前发展这一个条件。全国革命形势是向前发展的，则小块红色区域的长期存在，不但没有疑义，而且必然地要作为取得全国政权的许多力量中间的一个力量。全国革命形势若不是继续地向前发展，而有一个比较长期的停顿，则小块红色区域的长期存在是不可能的。现在中国革命形势是跟着国内买办豪绅阶级和国际资产阶级的继续的分裂和战争，而继续地向前发展的。所以，不但小块红色区域的长期存在没有疑义，而且这些红色区域将继续发展，日渐接近于全国政权的取得。第四，相当力量的正式红军的存在，是红色政权存在的必要条件。若只有地方性质的赤卫队而没有正式的红军，则只能对付挨户团，而不能对付正式的白色军队。所以虽有很好的工农群众，若没有相当力量的正式武装，便决然不能造成割据局面，更不能造成长期的和日益发展的割据局面。所以"工农武装割据"的思想，是共产党和割据地方的工农群众必须充分具备的一个重要的思想。第五，红色政权的长期存在并且发展，除了上述条件之外，还须有一个要紧的条件，就是共产党组织的有力量和它的政策的不错误。

三、湘赣边界的割据局面和在湘鄂赣三省的地位

以宁冈为中心的湘赣边界工农武装割据，其意义决不限于边界数县，这种割据在湘鄂赣三省工农暴动夺取三省政权的过程中是有很大的意义的。使边界土地革命和民众政权的影响远及于湘赣两省的下游乃至于湖北；使红军从斗争中日益增加其数量和提高其质量，能在将来三省总的暴动中执行它的必要的使命；使各县地方武装即赤卫队和工农暴动队的数量增加质量提高起来，此时能够与挨户团和小量军队作战，将来能够保全边界政权；使地方工作人才逐渐减少依靠红军中工作人才的帮助，能完全自立，以边界的人才任边界的工作，进一步能够供给红军的工作人才和扩大割据区域的工作人才——这些都是边界党在湘鄂赣三省暴动发展中极其重要的任务。

六、参考文献

[1] 毛泽东.学生之工作.湖南教育月刊.1919.

[2] 毛泽东选集(2).北京:人民出版社,1991.

[3] 中国社会科学院近代史研究所《近代史资料》编辑组.五四爱国运动.北京:中国社会科学出版社,1979.

[4] 邵维正.中国共产党创建史.北京:解放军出版社,1991.

[5] 周恩来选集.上卷.北京:人民出版社,1981.

[6] 关于建国以来党的若干历史问题的决议.北京:人民出版社,1982.

[7] 中共中央关于土地问题的指示//中国土地改革史料选编.北京:国防大学出版社,1988.

[8] 军事科学院军事历史研究部.中国人民解放军战史.北京:解放军出版社,1987.

[9] 廖隆.全国解放战争简史.上海:上海人民出版社,1984.

[10] 一野战军战史、第二野战军战史、第三野战军战史、第四野战军战史.北京:解放军出版社,1990—1998.

[11] 科院军事历史研究部.全国解放战争史(5卷).北京:军事科学出版社,1997.

[12] 晓环,等.淮海战役史.上海:上海人民出版社,1993.

专题八

社会主义制度的确立与社会主义建设的曲折发展

一、教学目的与要求

通过教学使学生了解社会主义制度在中国是如何确立的，了解在社会主义建设初期积累的理论成果，正确认识社会主义建设时期的严重曲折和失误。

二、教学内容提要

新中国成立后到改革开放前夕，是社会主义基本制度在中国确立的历史时期(1949—1956)，是开展大规模社会建设与探索社会主义建设道路在曲折中前进的历史时期(1957—1978)。社会主义制度在中国的基本确立是在当时的历史条件下，在完成国民经济恢复、完成民主革命遗留任务基础上，通过对个体农业、手工业和资本主义工商业社会主义改造，确立了公有制的主体地位，通过初步的经济建设、政治建设、文化建设和社会建设奠定了社会基础。选择社会主义道理是人民和历史大选择。1956—1976 年的 20 年间，是以毛泽东为代表的中国共产党人开展社会主义建设、探索社会主义建设道路在曲折中前进的 20 年。期间，我国的社会主义建设事业取得了历史成就，突出表现在独立的、比较完整的工业体系和国民经济体系的基本建立；文化、医疗、科技事业取得了长足的发展；中国的国际地位显著提高，国际环境得到改善；积累了社会主义建设的经验，培养了一大批社会主义建设骨干力量。这一时期，在探索社会主义建设道路问题上，我们积累了一系列正确的原则和重要成果。这一时期，所犯的错误是探索中、前进中出现的问题。

三、重点问题解析

(一)社会主义建设在探索中取得的成就和成果

显著成就主要表现在：

(1)独立的、比较完整的工业体系和国民经济体系基本建立。一是经济发展保持了较快的发展速度,1952—1978年,工农业总产值平均年增长率为8.2%,其中工业年均增长11.2%。谷物和主要工业产品产量在世界上的排名明显上升。二是从根本上解决"从无到有"的问题,基本建立了独立的、比较完整的工业体系和国民经济体系。

(2)人民生活水平的提高与文化、医疗、科技事业的发展。一是保障了人民的基本生活需要。通过兴修水利、开展农田基本建设、培育推广良种、提倡科学种田,较大幅度地提高了粮食生产水平和抵御自然灾害的能力。二是提高人民的文化素质和健康水平,扫除文盲、大力推广普通话,并加大对小学、中学和高等教育的投资。文学艺术工作在"古为今用、洋为中用、百花齐放、推陈出新"文艺方针的指引下,仍然取得了不少的成就。医疗事业也得到蓬勃发展。新中国高度重视发展体育事业,提出了"发展体育运动,增强人民体质"的指导方针。

(3)取得了一批重要的科技成果。新中国在核技术、人造卫星和运载火箭等尖端科学技术领域,取得一系列重要的成就。先后制定了两个科学技术长远发展规划。

(4)国际地位的提高与国际环境的改善。新中国在成立初期,一面奉行独立自主基础上的"一边倒"政策,积极争取苏联和其他社会主义国家对中国国内建设与外交工作的支持、援助;一面不失时机发展同西方国家的民间交往。1950年至1953年抗美援朝战争,以及随后召开的日内瓦国际会议和万隆会议,极大地提高了新中国的国际地位。中国同印度、缅甸等国共同倡导的和平共处五项原则,更成为处理国与国关系的公认的国际准则。

(5)探索中形成了建设社会主义的若干重要原则。

(二)在探索中形成的建设社会主义的若干重要原则及对邓小平理论形成的影响

以毛泽东为代表的中国共产党人,在创建新中国和探索适合中国国情的社会主义建设道路过程中,逐步形成或进一步完善了具有中国特色的社会主义根本制度。在此基础上,毛泽东的等领导人做出了一系列重要的理论创造。

关于社会主义的发展阶段,毛泽东指出:社会主义这个阶段,有可能分为两个阶段,第一个阶段是不发达的社会主义,第二个阶段是比较发达的社会主义。后一阶段可能比前一阶段需要更长的时间。关于社会主义现代化建设的战略目标和步骤,毛泽东强调:为了建设社会主义,必须大力推进中国的现代化事业。社会主义现代化建设的战略目标,是要把中国建设成为一个具有现代农业、现代工业、现代国防和现代科学技术的强国。在社会主义经济建设方面,毛泽东提出,要实行以农业为基础、以工业为主导的方针，正确处理重工业、轻工业和农业的关系，以农、轻、重为序发展国民经济。在社会主义民主政治建设方面，毛泽东提出，要把“造成一个又有集中又有民主，又有纪律又有自由，又有统一意志、又把个人心情舒畅、生动活泼，那样一种政治局面”作为努力的目标；把正确处理人民内部矛盾作为国家政治生活的主题，坚持人民民主，尽可能团结一切可以团结的力量；处理好中国共产党同各民主党派的关系，坚持长期共存、互相监督的方针，巩固和扩大爱国统一战线。在社会主义文化建设方面，毛泽东提出，要坚持马克思主义的指导地位，实行“百花齐放、百家争鸣”的方针，对古今中外的优秀文化实行“古为今用、洋为中用、百花齐放、推陈出新”的方针；思想政治工作是经济工作和其他一切工作的生命线。在国防建设和军队建设方面，毛泽东提出必须加强国防、建设现代化、正规化国防军和发展现代化国防技术的重要指导思想。

在执政条件下加强共产党自身建设方面，毛泽东最早觉察到帝国主义的“和平演变”战略的危险，号召共产党人提高警惕，同这种危险做斗争。同时，他又十分警惕党在执政以后可能产生的种种消极现象。为此，他提出：共产党员必须坚持共产主义的远大理想，务必继续地保持谦虚、谨慎、不骄、不躁的作风，继续地保持艰苦奋斗的作风。

这些理论原则或者被邓小平理论所继承，成为邓小平理论的重要组成部分，或者为邓小平理论所吸收，成为邓小平理论的重要思想来源。而探索中所经历的曲折，也从正反两方面为中共十一届三中全会后建设中国特色社会主义道路的开辟，提供了极为宝贵的经验和教训。

(三)新中国的外交政策是什么？简述不同时期我国外交政策的主要内容。新中国成立以来在外交方面取得的主要成就有哪些？

新中国的外交政策：独立自主的和平外交政策。不同时期我国外交政策的主要内容：新中国成立初期：毛泽东在新中国成立时就向全世界宣告“凡愿遵守平等、互利及互相尊重领土主权等项原则的任何外国政府，本政府均愿与之建立外交关系。”当时确立的外交政策的基本方针：①“另起炉灶”。②“打扫干净屋子再请客”。③“一边倒”。④团结世界各国人民。⑤1953 年周恩来提出了和平共处五项原则，这逐渐成为解决国与国之间问题的基本准则。20 世纪 60 年代，提出“两只拳头回击”的外交方针。70 年代，提出“一条线，一大片”的外交方针。

新时期，我国的外交政策作了重要调整：①对战争与和平问题的看法有了变化。邓小平认为，虽然战争的危险还存在，但是制约战争的力量有了可喜的发展，维护世界和平是有希望的。反对霸权主义和强权政治，维护世界和平，成为我国的国策。②在新时期,独立自主的外交原则具体地表现为不结盟政策。③重视和第三世界国家发展关系。④积极开展与周边国家的睦邻友好关系,建设和平的周边环境。⑤坚持长期实行对外开放政策。

新中国主要的外交成就:①新中国成立第一年就同苏联等17国建交。②提出和平共处五项原则。③1954年参加日内瓦会议。④1955年参加万隆会议。都促成了会议成功。20世纪70年代主要有:⑤1971年,中国在联合国的合法席位得以恢复。⑥1972年,中美关系开始走向正常化,中日邦交关系实现正常化。新时期⑦在新的国际形势下,中国加强了同周边国家的睦邻友好关系。现在,中国已同150多个国家建立了外交关系。

(四)1956—1966年,我国在关于社会主要矛盾和经济建设方针的认识和实践上有哪些成功和失误?从中可总结出哪些经验教训?

成功之处:中共八大正确地分析了社会主义改造基本完成以后的国内形势,指出我国社会的主要矛盾是先进的社会制度同落后的社会生产力的矛盾。提出了全面开展社会主义建设的总任务。在经济上,提出既反保守又反冒进,坚持在综合平衡中稳步前进的经济建设方针。

失误之处:随着反右派斗争严重扩大化,强调无产阶级同资产阶级的斗争、社会主义道路同资本主义道路的斗争始终是我国的主要矛盾,从而逐步走上了“以阶级斗争为纲”的错误轨道。在经济上,片面追求社会主义建设的高速度和公有化的程度和规模,超越了当时生产力的水平,严重破坏了综合平衡,造成了“大跃进”和人民公社化运动的重大失误。

经验教训:(1)进行社会主义建设,必须坚持实事求是,从实际出发;(2)在社会主义制度建立以后,必须始终坚持以经济建设为中心,把发展生产力放在首位;(3))搞经济建设必须遵循客观规律,不可超越生产力水平,盲目调整生产关系和生产组织形式,片面追求高速度;(4)必须正确认识社会主义阶段的阶级斗争问题,阶级斗争已不是主要矛盾,要防止阶级斗争扩大化;(5)必须坚持民主集中制原则,发扬党内民主,坚持群众路线。

四、强化训练与参考答案

(一)单项选择题

1. 毛泽东首次使用“新民主主义社会”的科学概念是在(　　)

A.《中国革命和中国共产党》　　B.《新民主主义论》

C.《论联合政府》 D.《论人民民主专政》

2. 毛泽东指出，新民主主义国家内部的主要矛盾是（ ）

A. 人民大众与封建主义的矛盾 B. 中华民族与帝国主义的矛盾

C. 无产阶级与资产阶级的矛盾

D. 人民对于经济文化迅速发展的需要同当前经济文化不能满足人民需要的状况之间的矛盾

3. 新民主主义经济中有决定意义的因素是（ ）

A. 国营经济 B. 个体经济

C. 合作社会经济 D. 国家资本主义经济

4. 新中国成立初期，社会主义国营经济的主要来源是（ ）

A. 解放区的公营经济 B. 没收的官僚资本

C. 征收、代管的外国资本 D. 国家资本主义经济

5. 中国由新民主主义向社会主义转变的优越的政治条件是（ ）

A. 马克思主义、毛泽东思想的指导地位

B. 中国共产党的领导和人民民主专政国家制度的建立

C. 新民主主义经济制度的建立和国民经济的恢复

D. 社会主义国营经济成为多种经济成分中的领导力量

6. 党在过渡时期的总路线的主体是（ ）

A. 对农业的社会主义改造 B. 对手工业的社会主义改造

C. 对资本主义工商业的社会主义改造 D. 实现国家的社会主义工业化

7. 新中国发展国民经济的第一个五年计划期间是指（ ）

A. 1952—1956 年 B. 1949—1954 年

C. 1953—1957 年 D. 1950—1955 年

8. 从 1953 年开始的第一个五年计划的中心环节是（ ）

A. 优先发展重工业 B. 进行社会主义改造

C. 优先发展农业 D. 恢复国民经济

9. 以毛泽东为代表的中国共产党人开始探索中国自己的社会主义建设道路的标志是（ ）

A. 1956 年 1 月召开的最高国务会议

B.《论十大关系》的发表

C. 中共八大的召开

D.《关于正确处理人民内部矛盾的问题》的发表

10. 1956 年社会主义基本制度的全面确立，标志着(　　)

A. 社会主义改造的基本完成

B. 中国进入全面建设社会主义的历史阶段

C. 社会主义建设任务的实现　　D. 找到中国特色社会主义建设道路

11. 1956 年 4 月召开的中央书记处会议上，毛泽东提出了(　　)的任务。

A. 马克思主义与中国实际的第一次结合

B. 马克思主义与中国实际的第二次结合

C. 向现代科学进军　　D. 全面开展社会主义建设

12. 1956 年毛泽东作的《论十大关系》的报告，是探索中国社会主义建设道路的重要理论成果。《论十大关系》围绕的基本方针是(　　)

A. 中国共产党同民主党派长期共存、互相监督

B. 坚持百花齐放、百家争鸣

C. 调动一切积极因素，把我国建设成为一个强大的社会主义国家

D. 调整、巩固、充实、提高

13. 1956 年 9 月党的八大提出的我国国内的主要矛盾是(　　)

A. 无产阶级同资产阶级的矛盾

B. 人民大众同反革命残余势力的矛盾

C. 开展社会主义道路与资本主义道路的决战

D. 人民对于经济文化迅速发展的需要同当前经济文化不能满足人民需要的状况之间的矛盾

14. 中共八大提出的我国经济建设方针是(　　)

A. 大干快上，超英赶美　　B. 慢一点、稳一点

C. 力争高速度压倒一切

D. 既反保守又反冒进，在综合平衡中稳步前进

15. 生产资料的社会主义改造完成以后，国家政治生活的主题是(　　)

A. 进行政治体制和经济体制改革　　B. 坚持思想基本原则

C. 正确处理人民内部矛盾　　D. 开展阶级斗争

(二)多项选择题

1. 新民主主义革命在全国胜利并解决了土地问题以后，我国国内主要矛盾是(　　)

A. 工人阶级和资产阶级的矛盾

B. 经济基础和上层建筑的矛盾

C. 社会主义道路和资本主义道路的矛盾
D. 先进的生产关系和落后的社会生产力的矛盾
E. 落后农业国和先进工业国的矛盾

2. 新民主主义社会的经济成分有（　　）
A. 国营经济　B. 合作社经济　C. 个体经济
D. 私人资本主义经济　E. 国家资本主义经济

3. 1951 年到 1952 年开展的“五反”运动的主要内容有（　　）
A. 反偷税漏税　B. 反盗窃国家经济情报
C. 反盗骗国家财产　D. 反偷工减料
E. 反行贿　F. 反走私

4. 党在过渡时期总路线的主要内容是（　　）
A. 没收官僚垄断资本　B. 没收民族资本
C. 没收地主的土地　D. 逐步实现社会主义的工业化
E. 逐步实现对农业、手工业、资本主义工商业的社会主义改造

5. “四马分肥”是指（　　）
A. 所得税　B. 企业公积金
C. 工人福利基金　D. 奖金
E. 资本家的利润(包括股息和红利)

6. 对农业进行社会主义改造的逐步过渡形式有（　　）
A. 互助组　B. 初级社　C. 高级社
D. 人民公社　E. 家庭联产承包

7. 我国进行合作化的原则有（　　）
A. 放任　B. 自愿互利　C. 典型示范
D. 说服教育　E. 国家帮助

8. 1956 年底，三大改造的完成标志着我国（　　）
A. 过渡时期的总任务提前完成　B. 已经由农业国转变为工业国
C. 开始进入社会主义初级阶段　D. 国内主要矛盾发生了变化

9. 对资本主义工商业进行社会主义改造中采取的初级形式的国家资本主义有（　　）
A. 计划订货　B. 统购包销　C. 委托加工
D. 个别行业公私合　E. 全行业公私合营

10. 中共八大陈云提出了“三个主体、三个补充”的思想，即（　　）
A. 国家经营和集体经营是主体，一定数量的个体经营为补充

B. 计划生产是主体，一定范围的自由生产为补充

C. 以重工业发展为主体，以轻工业、农业发展为补充

D. 国家市场是主体，一定范围内的自由市场为补充

11. 毛泽东在《关于正确处理人民内部矛盾的问题》中认为矛盾是普遍存在的。在社会主义社会中，基本的矛盾是（　　）

A. 人民日益增长的物质文化生活的需要同落后的社会生产力之间的矛盾

B. 无产阶级同资产阶级之间的矛盾

C. 生产力和生产关系之间的矛盾

D. 上层建筑和经济基础之间的矛盾

12. 毛泽东在《关于正确处理人民内部矛盾的问题》中认为社会主义社会两类不同性质的矛盾是（　　）

A. 敌我矛盾　　B. 生产力和生产关系的矛盾

C. 上层建筑和经济基础的矛盾　　D. 人民内部矛盾

13. 1958 年中共八大二次会议通过的社会主义建设总路线的表述是（　　）

A. 鼓足干劲　　B. 力争上游

C. 多快好省地建设社会主义　　D. 在综合平衡中稳步前进

14. 在探索社会主义建设道路的初期，以毛泽东为代表的党的第一代领导集体在国家经济发展上提出的思想有（　　）

A. 划分中央和地方的管理职权，使企业享有适当的自主权

B. “三个主体，三个补充”的思想

C. 消灭资本主义，又搞资本主义

D. 要实行以农业为基础，以工业为主导的方针，正确处理重工业、轻工业、农业的关系

15. 毛泽东提出的两个“务必”的思想是指（　　）

A. 务必继续地保持谦虚、谨慎、不骄、不躁的作风

B. 务必继续地保持同人民群众血肉联系的作风

C. 务必继续地保持批评与自我批评的作风

D. 务必继续地保持艰苦奋斗的作风

16. 以毛泽东为主要代表的中国共产党人在创建新中国和探索适合中国国情的社会主义建设道路过程中，形成的建设社会主义的若干原则包括（　　）

A. 社会主义可以分为不发达的社会主义和比较发达的社会主义两个阶段

B. 提出四个现代化的战略目标。

C. 正确处理重工业、轻工业、农业的关系

D. 与各民主党派坚持长期共存、互相监督

17. 20 世纪 60 年代提出了我国社会主义现代化建设的战略目标，并提出了分两步走的发展战略，这两步走是指(　　)

A. 第一步，建立一个独立的比较完整的工业体系和国民经济体系

B. 第二步，全面实现农业、工业、国防和科学技术的现代化

C. 不发达的社会主义

D. 比较发达的社会主义

(三)辨析题

1. 国家资本主义就是实现和平赎买政策的适当的经济形态。
2. 党在过渡时期的总路线提出的主要任务是解决所有制问题
3. 社会主义制度下的矛盾是人民内部矛盾。
4. 1957 年的反右派斗争是正确的和必要的。
5. 社会主义社会建成后，社会基本矛盾就消失了。

(四)综合问答题

1. 中国特色的社会主义改造道路有哪些主要经验？
2. 为什么说过渡时期总路线反映了历史发展的必然？
3. 三大改造的意义是什么？
4. 《论十大关系》的主要内容基本精神和意义是什么？
5. 中共“八大”的历史功绩及意义是什么？
6. 陈云提出的关于社会主义经济制度实行“三个主体、三个补充”的设想是什么？

(五)材料分析题

1. 材料 1：“这个中国革命的第一阶段(其中又分为许多小阶段)，其社会性质是新式的资产阶级的民主主义革命，还不是无产阶级社会主义革命，……这个革命的第一步、第一阶段，绝不是也不能建立中国资产阶级专政的资本主义的社会，而是要建立以中国无产阶级为首领的中国各个革命阶级联合专政的新民主主义社会，已完结其第一阶段。然后，再使之发展到第二阶段，以建立中国社会主义的社会。”——毛泽东《新民主主义论》

材料 2：“确立新民主主义社会秩序。”这种提法是有害的。过渡时期每天都在变动，每天都在发生社会主义因素。所谓‘新民主主义社会秩序’，怎样‘确立’？要‘确立’是很难的哩！……我们现在的革命斗争，甚至比过去的

武装革命斗争还要深刻。这是要指导资本主义制度和一切剥削制度彻底埋葬的一场革命。‘确立新民主主义社会秩序’的想法，是不符合实际斗争情况的，是妨碍社会主义事业的发展的。”——毛泽东在1953年6月15日中央政治局会议上的讲话。

分析：(1)新民主主义社会是一种怎样的社会？其与社会主义社会是一种怎样的关系？

(2)毛泽东为什么认为“确立新民主主义社会秩序”这种提法是有害的、是妨碍社会主义事业的发展的？

2. 材料1：1949年新中国成立前夕，官僚资本拥有全国工矿企业、交通系统固定资产的80%，垄断钢产量的90%，电力的67%，有色金属和石油的100%，还控制了全国的金融机构、交通、对外贸易等。新中国成立以后，人民政府没收国民政府和四大家庭官僚资本的银行2 400多家，工矿企业2 800多个。

材料2：1949年6月，刚刚解放的上海市，金银价上涨两倍左右，6月8日一天，银元黑市价人民币从1 400元涨到2 000元，上海军管会断然查封挑起“银元之战”大本营“证券大楼”，逮捕了投机倒把的首要分子，刹住了破坏金融的非法活动。

材料3：“银元之战”以后，一些投机商人又进行粮食、棉纱等投机倒把活动。(1949年)上海米价6～7月上涨4倍。国民党特务说：“只要控制了‘两白一黑’就能置上海于死地。”那时主持中央财政经济委员会工作的陈云说：“人心乱不乱，在城市，中心是粮食。”人民政府统一调运粮食、棉纱在各大城市抛售，市场物资饱和，物价接连下降。许多投机倒把分子破产了。

材料4：新中国成立后，国家财政收入分散，公粮、税收仍归地方，而行政开支、军费建设投资等都由中央支付。因此，中央财政赤字不断增加，为解决国家财物困难，中央人民政府规定，把公粮、库存物资和公营企业的利润一律收归国库，由中央统一掌握；开支也由中央统一规定标准，不准擅自额外开支。此外，还规定国营贸易的物资由中央贸易部统一调用，机关、企事业的现金除留少量供近期使用外，一律存入人民银行。这样，初步确立了以中央集中统一为主的财政经济管理体制。

请回答：

(1)据材料1回答：新中国为建立社会主义国营经济采取了哪些措施？有什么作用？

(2)材料2和材料3反映了什么共同现象？政府采取的措施有何不同？

(3)从材料 2 和 3 中,可以看出,“银元之战”“米棉之战”的实质是什么?

(4)材料 4 反映了国家的什么政策?回答采取这一措施的原因和结果?

(5)综合上述材料,谈谈你的认识。

3. 材料 1:“重工业是我国建设的重点。必须优先发展生产资料的生产,这是已经定了的。但是决不可以忽视生产资料尤其是粮食的生产,如果没有足够的粮食和其他生活必需品,首先就不能养活工人,还谈什么发展重工业?所以,重工业和轻工业、农业的关系,必须处理好。”“在处理重工业和轻工业、农业的关系上,我们没有犯原则性的错误。我们比苏联和一些东欧国家做得好些。像苏联的粮食产量长期达不到革命前最高水平的问题,像一些东欧国家由于轻重工业发展太不平衡而产生的严重问题,我们这里是不存在的。他们片面地注重重工业,忽视农业和轻工业,因而市场上的货物不够,货币不稳定。我们对于农业轻工业是比较注重的。我们一直抓了农业,发展了农业,相当地保证了发展工业所需要的粮食和原料。我们的民生日用商品比较丰富,物价和货币是稳定的。”——毛泽东:《论十大关系》

材料 2:“过去安排是重、轻、农,这个次序要反一下,现在是否提农、轻、重?要把农、轻、重的关系研究一下。过去搞十大关系,就是两条腿走路,多快好省也是两条腿,现在可以说是没有执行,或者说是没有很好地执行。过去是重、轻、农、商、交,现在强调把农业搞好,次序改为农、轻、重、交、商。这样提海狮优先发展生产资料,并不违背马克思主义。”——毛泽东:《庐山会议讨论的十八个问题》,1959 年 6 月 29 日至 7 月 2 日

请根据上述材料回答下列问题:

(1)根据材料 1,指出我国经济建设的重点及其原因?如何理解毛泽东指出的在重工业、轻工业和农业的关系上,我们没有犯原则性的错误?

(2)根据材料 2,对于重、轻、农的关系,毛泽东为什么说“没有执行,或者说是没有很好地执行”?毛泽东在反思的基础上又做了哪些发展?

参考答案

(一)单项选择题

1. B　2. C　3. A　4. B　5. B　6. D　7. C　8. A

9. B　10. B　11. B　12. C　13. D　14. C　15. C

(二)多项选择题

1. AC　2. ABCD　3. ABCD　4. DE　5. BCDE

6. ABC	7. BCE	8. ACD	9. ABC	10. ABD
11. CD	12. AD	13. ABC	14. ABCD	15. AD

(三)辨析题

1. 国家资本主义就是实现和平赎买政策的适当的经济形式。

参考答案:对。和平赎买是国家对私人资本主义工商业进行社会主义改造的基本政策,而国家资本主义就是实现和平赎买政策的适当的经济形式,国家资本主义在实质上就是通过对资本主义工商业实行和平赎买的经济政策,把资本主义私有制变为社会主义公有制。国家资本主义是形式,和平赎买政策是内容。两者是一致的,是一个问题的两个方面。

2. 党在过渡时期的总路线提出的主要任务是解决所有制问题

参考答案:错误。党在这个过渡时期的总路线和总任务,是要在一个相当长的时期内,逐步实现国家的社会主义工业化,并逐步实现国家对农业、手工业和资本主义工商业的社会主义改造。过渡时期总路线构想出了一条经济文化落后国家发展社会主义的新思路,这就是建设与改造并举、发展与变革同行,把国家工业化和社会主义改造紧密结合起来,在变革生产关系中促进社会生产力发展的新思路。其中,社会主义工业化是目的,社会主义改造是不可或缺的条件和手段。

3. 社会主义制度下的矛盾是人民内部矛盾。

参考答案:错误。在社会主义制度下,人民的根本利益是一致的,但还存在着敌我矛盾和人民内部矛盾。敌我之间的矛盾是对抗性的,必须用专政的办法解决;人民内部矛盾是非对抗性的,只能用民主的方法、说服教育的方法解决。必须区分社会主义社会两类不同性质的社会矛盾,把正确处理人民内部矛盾作为国家政治生活的主题。

4. 1957 年的反右派斗争是正确的和必要的。

参考答案:错误。对极少数右派分子的进攻实行坚决反击,是完全正确的和必要的。但是反右派斗争被严重的扩大化了。许多党的干部和有才华的知识分子由此受到长期压抑和打击,这是党和国家整个事业的严重损失。在运动中采取的大鸣、大放、大辩论、大字报的错误斗争方式,也是反右派斗争严重扩大化的一个重要因素。

5. 社会主义社会建成后,社会基本矛盾就消失了。

参考答案:错误。矛盾时普遍存在的,在社会主义社会同样充满着矛盾,正是这些矛盾推动着社会主义社会不断向前发展。在社会主义社会中,基本的矛盾仍然是生产关系和生产力之间的矛盾、上层建筑和经济基础之间的矛盾。但是这些矛盾是非对抗性的矛盾，可以通过社会主义制度本身的自我调整和自我完善不断得到解决。

（四）综合问答题

1.中国特色的社会主义改造道路有哪些主要经验？

中国在对生产资料私有制的社会主义改造中，创造性地提出了许多符合中国实际情况的方针政策，积累了丰富的经验，形成了一条有中国特色社会主义改造道路。这些经验主要是：第一，改造的和平（自愿）的方式。不仅对个体农业和个体手工业是以和平的方式完成改造的，对私营资本主义工商业也成功实现了列宁曾经设想过但未能在苏联得到实现的“和平赎买”的政策。第二，采取了逐步（稳妥）过渡的形式。三大改造均采取了循序渐进、逐步过渡的形式。如对个体农业的改造遵循了自愿互利、典型示范和国家帮助的原则，经历了由互助组到初级社到高级社的逐步过渡，对私营资本主义工商业的改造经历了由初级形式的国家资本主义到高级形式的国家资本主义的逐步过渡。从而，保证了改造和和平平稳进行。第三，把对所有制的改造和对人的改造结合起来同时进行。把个体农业和个体手工业改造成为社会主义集体经济的同时，把农民和小手工业者改造成为社会主义的集体劳动生产者，在把私人资本主义工商业改造成为社会主义公有制的同时，把资本家由剥削者改造成为自食其力的劳动者。第四，所有制的改造和发展生产力同时并举，发生的目的是发展生产力。

2.为什么说过渡时期总路线反映了历史发展的必然？

过渡时期总路线的基本内容是：从中华人民共和国成立，到社会主义改造基本完成，这是一个过渡时期。党在这个过渡时期的总路线和总任务，是要在一个相当长的时期内，逐步实现国家的社会主义工业化，并逐步实现国家对农业、手工业和资本主义工商业的社会主义改造。过渡时期总路线反映了我国社会发展的客观要求和广大人民的根本利益，反映了历史发展的必然：第一，社会主义工业化是国家独立和富强的当然要求和必要条件。第二，改造个体农民和手工业者的经济，是我国生产力发展的客观要求，是实现国家社会主义工业化，发展农业生产，使全体农民共同富裕的必然要求。第三，改造私人资本主义经济，是实现国家工业化，解决无产阶级和资产阶级矛盾的必然要求。

3.三大改造的意义是什么？

三大改造的历史意义如下：第一，中国的社会经济结构发生了根本变化，社会主义公有制已占绝对统治地位。社会主义经济制度的建立，是我国历史上最深刻、最伟大的社会变革，它为进一步发展生产力，使全国人民过上富裕的生活，奠定了可靠的基础。第二，中国共产党在实践中创造性地开辟了一条适合中国特点的社会主义改造道路。这是国际共运史上的伟大创举，以新的经验和思想丰富了马克思主义的科学社会主义理论。

4.《论十大关系》的主要内容基本精神和意义是什么？

1956 年 4 月 25 日，毛泽东在政治局扩大会议上，作了《论十大关系》的报告。主要内容是：①重工业和轻工业、农业的关系；②沿海工业和内地工业的关系；③经济建设和国防建设的关系；④国家、生产单位和生产者个人的关系；⑤中央和地方的关系；⑥汉族和少数民族的关系；⑦党和非党的关系；⑧革命与反革命的关系；⑨是非关系；⑩中国和外国的关系。十大关系的基本精神是：努力把党内党外、国内国外的一切积极的因素，调动起来，把我国建设成为一个强大的社会主义国家。意义：①《论十大关系》，以苏联为借鉴，初步总结了我国社会主义建设经验；②提出了探索适合我国国情的社会主义建设道路的任务。

5. 中共"八大"的历史功绩及意义是什么？

1956 年 9 月在北京召开了中共"八大"。其主要功绩是：(1)社会主义制度在我国已经基本建立起来了；(2)国内的主要矛盾已经不再是工人阶级和资产阶级的矛盾，而是人民对于经济文化迅速发展的需要同当前经济文化不能满足人民需要之间的矛盾；(3)确定了全国人民的主要任务是集中力量发展社会生产力，实现国家工业化；(4)在经济建设中，既反保守又反冒进，在综合平衡中稳步前进的建设方针；(5)在执政党的建设问题上，强调要坚持民主集中制和集体领导制度，反对个人崇拜，发展党内民主和人民民主，加强党和群众的联系。

意义：八大的路线是正确的，它为新时期社会主义事业的发展和党的建设指明了方向。

6. 陈云提出的关于社会主义经济制度实行"三个主体、三个补充"的设想是什么？

在工商业经营方面，国家和集体经营为主体，一定数量的个体经营为补充；在生产计划方面，计划生产是工农业生产的主体，在国家计划许可范围内的自由生产为补充；在市场方面，国家市场是主体，一定范围内的自由市场为补充。

7. 毛泽东《关于正确处理人民内部矛盾的问题》报告的基本内容和历史意义是什么？

1957 年 2 月，毛泽东在最高国务会议上作了《关于正确处理人民内部矛盾的问题》的讲话。主要内容:(1)指出社会主义社会的基本矛盾仍然是生产关系与生产力之间、上层建筑和经济基础之间的矛盾。(2)提出了社会主义社会的矛盾分为两类,一类是敌我矛盾,一类是人民内部矛盾。敌我矛盾是对抗性矛盾,解决的方法是对敌人实行专政。人民内部矛盾是非对抗性矛盾,只能采取民主的方法加以解决。(3)提出了正确处理人民内部矛盾的一系列方针。在政治上,实行"团结—批评—团结"的方针;在党和民主党派关系上,实行"长期共存,互相监督"的方针;在科学文化工作中,实行"百花齐放、百家争鸣"的方针;在经济工作中,实行统筹兼顾、适当安排,兼顾国家、集体、个人三者利益的方针。(4)提出了从我国实际出发,走中国工业化道路的思想。意义:(1)它是团结全国各族人民,调动一切积极因素,建设现代化社会主义强国的基本指导思想。(2)它提出了关于两类社会矛盾的学说,把正确处理人民内部矛盾规定为社会主义社会政治生活的主题,从而丰富和发展了马列主义。

(五)材料分析题

1.阅读下列材料回答问题

答案要点:

(1)新民主主义社会是一种过渡性的社会形态,它是中国社会由半殖民地半封建社会通向社会主义社会的过渡阶段。它既不同于一般的资本主义制度也不同于社会主义制度。在政治上它是无产阶级领导下的各革命阶级的联合专政,而不是单一的无产阶级专政。在经济制度上它是社会主义国营经济领导下多种经济成分并存,而不是单一的公有制经济。

(2)新民主主义社会是社会主义社会的必要准备,社会主义社会是新民主主义社会发展的必然趋势。因为新民主主义社会是一种过渡性的社会形态,它的政治经济、形态都不是固定不变的,而是始终处于不断发展变化的状态中,其社会主义的成分在不断增长,而民主主义的成分则在不断地减少,最终将完全过渡到社会主义。因此,毛泽东认为"确立新民主主义社会秩序"这种提法是有害的、是妨碍社会主义事业的发展的。

2.阅读下列材料回答问题

答案要点:

(1)没收国民政府的财产和官僚资本企业。作用:人民政府掌握了国家的经济命脉,建立了社会主义的国营经济,为人民政权的巩固和国民经济的恢复奠定了经济基础。

(2)共同现象:物价暴涨。不同措施:材料 2 采取了行政、专政、镇压的手段;材料3运用了市场、经济干预的手段。

(3)无产阶级与资产阶级争夺市场领导权的斗争。

(4)政策:财政经济由中央集中统一管理。原因:中央财政赤字不断增加,财政困难。结果初步确立了中央集中统一为主的财政经济管理体制。

(5)新中国成立初期,中国共产党和人民政府采取了一系列积极有效的措施,巩固了新生的人民政权,为恢复和发展经济起了重要作用。中国的革命和建设只有在中国共产党的领导下,才能取得胜利。

3.阅读下列材料回答问题

答案要点:

(1)重工业是我国经济建设的重点。这是因为重工业是生产资料的部门,是国民经济中的基础,是现代生产力的基本物质条件。重工业的发展能为农业、轻工业的生产提供先进装备,因此生产资料生产要优先发展。在重工业、轻工业、农业的关系上,我们并没有犯原则性的错误。因为我们对农业和轻工业是比较重视的,保证了工业发展所需要的粮食和原料,满足了人民群众的日常生活,货币和物价稳定,没有发生像苏联、东欧那样由于没有处理好重、轻、农的关系而产生的严重问题。

(2)毛泽东所说的"没有执行,或者说是没有很好地执行",是针对"大跃进"中"以钢为纲",破坏了重、轻、农的比例关系,给国民经济发展带来很大的危害。在反思这一失误的基础上,毛泽东再次提出要正确处理重、轻、农的关系,把农业放在国民经济的基础地位,明确以农业、轻工业、重工业为序安排国民经济。

五、延伸阅读

毛泽东:《论十大关系》(1956年4月)(节选)

最近几个月,中央政治局听了中央工业、农业、运输业、商业、财政等34个部门的工作汇报,从中看到一些有关社会主义建设和社会主义改造的问题。综合起来,一共有十个问题,也就是十大关系。提出这十个问题,都是围绕着一个基本方针,就是要把国内外一切积极因素调动起来,为社会主义事业服务。过去为了结束帝国主义、封建主义和官僚资本主义的统治,为了人民民主革命的胜利,我们就实行了调动一切积极因素的方针。现在为了进行社会主义革命,建设社会主义国家,同样也实行这个方针。但是,我们工作中间还有些问题需要谈一谈。特别值得注意的是，最近苏联方面暴露了他们在建设社会主义过程中的一些缺点和错误，他们走过的弯路，你还想走？过去我们就是鉴于他们的经验教训，少走了一些弯路，现在当然更要引以为戒。

1. 重工业和轻工业、农业的关系。重工业是我国建设的重点。必须优先发展生产资料的生产，这是已经定了的。但是决不可以因此忽视生活资料尤其是粮食的生产。如果没有足够的粮食和其他生活必需品，首先就不能养活工人，还谈什么发展重工业？所以，重工业和轻工业、农业的关系，必须处理好。

我们现在发展重工业可以有两种办法，一种是少发展一些农业轻工业，一种是多发展一些农业轻工业。从长远观点来看，前一种办法会使重工业发展得少些和慢些，至少基础不那么稳固，几十年后算总账是划不来的。后一种办法会使重工业发展得多些和快些，而且由于保障了人民生活的需要会使它发展的基础更加稳固。

2. 沿海工业和内地工业的关系。我国的工业过去集中在沿海。所谓沿海，是指辽宁、河北、北京、天津、河南东部、山东、安徽、江苏、上海、浙江、福建、广东、广西。我国全部轻工业和重工业，都有约70%在沿海，只有30%在内地。这是历史上形成的一种不合理的状况。沿海的工业基地必须充分利用，但是，为了平衡工业发展的布局，内地工业必须大力发展。在这两者的关系问题上，我们也没有犯大的错误，只是最近几年，对于沿海工业有些估计不足，对它的发展不那么十分注重了。这要改变一下。好好地利用和发展沿海的工业老底子，可以使我们更有力量来发展和支持内地工业。如果采取消极态度，就会妨碍内地工业的迅速发展。所以这也是一个对于发展内地工业是真想还是假想的问题。如果是真想，不是假想，就必须更多地利用和发展沿海工业，特别是轻工业。

3. 经济建设和国防建设的关系。国防不可没有。现在，我们有了一定的国防力量。经过抗美援朝和几年的整训，我们的军队加强了，比第二次世界大战前的苏联红军要更强些，装备也有所改进。我们的国防工业正在建立。自从盘古开天辟地以来，我们不晓得造飞机，造汽车，现在开始能造了。

我们现在还没有原子弹。但是，过去我们也没有飞机和大炮，我们是用“小米加步枪”打败了日本帝国主义和蒋介石的。我们现在已经比过去强，以后还要比现在强，不但要有更多的飞机和大炮，而且还要有原子弹。在今天的世界上，我们要不受人家欺负，就不能没有这个东西。怎么办呢？可靠的办法就是把军政费用降到一个适当的比例，增加经济建设费用。只有经济建设发展得更快了，国防建设才能够有更大的进步。这里也发生这么一个问题，你对原子弹是真正想要、十分想要，还是只有几分想，没有十分想呢？你是真正想要、十分想要，你就降低军政费用的比重，多搞经济建设。你不是真正想要、十分想要，你就还是按老章程办事。这是战略方针的问题，希望军委讨论一下。

4.国家、生产单位和生产者个人的关系。国家和工厂、合作社的关系，工厂、合作社和生产者个人的关系，这两种关系都要处理好。为此，就不能只顾一头，必须兼顾国家、集体和个人三个方面，也就是我们过去常说的“军民兼顾”、“公私兼顾”。鉴于苏联和我们自己的经验，今后务必更好地解决这个问题。

5.中央和地方的关系。中央和地方的关系也是一个矛盾。解决这个矛盾，目前要注意的是，应当在巩固中央统一领导的前提下，扩大一点地方的权力，给地方更多的独立性，让地方办更多的事情。这对我们建设强大的社会主义国家比较有利。我们的国家这样大，人口这样多，情况这样复杂，有中央和地方两个积极性，比只有一个积极性好得多。我们不能像苏联那样，把什么都集中到中央，把地方卡得死死的，一点机动权也没有。

6.汉族和少数民族的关系。对于汉族和少数民族的关系，我们的政策是比较稳当的，是比较得到少数民族赞成的。我们着重反对大汉族主义。地方民族主义也要反对。

7.党和非党的关系。究竟是一个党好，还是几个党好？现在看来，恐怕是几个党好。不但过去如此，而且将来也可以如此，就是长期共存，互相监督。

8.革命和反革命的关系。反革命是什么因素？是消极因素，破坏因素。反革命可不可以转变？他们中间的大多数将来会有不同程度的转变。由于我们采取了正确的政策，现在就有不少反革命被改造成不反革命了，有些人还做了一些有益的事。

9.是非关系。党内党外都要分清是非。如何对待犯了错误的人，这是一个重要的问题。正确的态度应当是，对于犯错误的同志，采取“惩前毖后，治病救人”的方针，帮助他们改正错误，允许他们继续革命。

10.中国和外国的关系。一切民族、一切国家的长处都要学，政治、经济、科学、技术、文学、艺术的一切真正好的东西都要学。但是，必须有分析、有批判地学，不能盲目地学，不能一切照抄，机械搬运。他们的短处、缺点，当然不要学。外国资产阶级的一切腐败制度和思想作风，我们要坚决抵制和批判。但是，这并不妨碍我们去学习资本主义国家的先进的科学技术和企业管理方法中合乎科学的方面。工业发达国家的企业，用人少，效率高，会做生意，这些都应当有原则地好好学过来，以利于改进我们的工作。

六、参考文献

[1] 陈云文选(第 2 卷).北京:人民出版社,1995.
[2] 王真.动荡中的同盟——抗战时期的中苏关系.南宁:广西师范大学出版社,1993.
[3] 朱铃,张先智.共产国际与中国革命关系史略.成都:西南交通大学出版社,1988.
[4] 向青.共产国际与中国革命关系概述.广州:广东人民出版社,1983.
[5] 史义人.国际共运史疑难问题研究.兰州:甘肃人民出版社,1984.
[6] 王淇.从中立到结盟——抗战时期的美国对华政策.南宁:广西师范大学出版社,1996.
[7] 中国近代对外关系史资料选辑.上海:上海人民出版社,1977.

专题九　改革开放与现代化建设新时期

一、教学目的与要求

通过教学使学生了解社会主义制度在中国是如何确立，了解在社会主义建设初期积累的理论成果，正确认识社会主义建设时期的严重曲折和失误。

二、教学内容提要

改革开放与社会主义现代化建设新时期，是在前29年中国社会主义革命与社会主义建设道路艰辛探索，社会主义建设曲折发展基础上的新跨越，这一时期开辟了中国特色社会主义建设道路，形成了中国特色社会主义理论体系，取得了光耀神州，举世瞩目的辉煌成就，快速推进了实现中华民族伟大复兴的历史进程，事实雄辩地证明，中国特色社会主义是当代中国发展进步的根本方向，只有中国特色社会主义才能发展中国。要发展中国、稳定中国，要全面建成小康社会、加快推进社会主义现代化，要实现中华民族伟大复兴，必须坚定不移坚持和发展中国特色社会主义。

三、重点问题解析

(一)十一届三中全会召开的背景是什么？做出了哪些重大决定？有何重大历史意义？

背景：①由于“左”倾错误和十年浩劫，积累下许多严重的政治问题和社会问题，全国经济已陷入严重困境。“文革”虽已结束，但“左”倾错误仍继续推行，中国社会在徘徊中前进。②1977年邓小平恢复中央工作，在科教、经济领域进行整顿。③关于真理标准问题的大讨论，否定了“两个凡是”的错误观点，重新确立了实事求是的马克思主义的思想路线，长期以来“左”倾思想的禁锢开始被冲破，这为会议的召开奠定了思想基础。

决定：①全会确定了解放思想，开动脑筋，实事求是，团结一致向前看的指导方针。②高度评价了真理标准问题的讨论。③果断的停止使用“以阶级斗争为纲”的错误口号。④做出了把党和国家的工作重心转移到经济建设上来，实行改革开放的伟大决策。⑤决定拨乱反正，并审查和解决党内一些重大冤假错案，以及一些重要领导人的功过是非问题。

意义：①十一届三中全会是建国以来党的历史上具有深远历史意义的伟大转折。它完成了党的思想路线，政治路线的拨乱反正，是改革开放的开端。从此，中国历史进入社会主义现代化建设新时期。②新时期党的基本路线的思想也是在这次会议上开始形成的。③这次会议还形成了以邓小平为核心的党的第二代领导集体。

(二)试述邓小平南方谈话的主要内容及其意义

主要内容：(1)革命是解放生产力，改革也是解放生产力。不坚持社会主义，不改革开放，不发展经济，不改善人民生活，只能是死路一条。基本路线要管一百年，动摇不得。改革开放胆子要大一些，敢于试验。看准了的，就大胆地试，大胆地闯。判断的标准，应该主要看是否有利于发展社会主义社会的生产力，是否有利于增强社会主义国家的综合国力，是否有利于提高人民的生活水平。(2)计划多一点还是市场多一点，不是社会主义与资本主义的本质区别。计划和市场都是经济手段。社会主义的本质，是解放生产力，发展生产力，消灭剥削，消除两极分化，最终达到共同富裕。社会主义要赢得与资本主义相比较的优势，就必须大胆吸收和借鉴人类社会创造的一切文明成果，吸收和借鉴当今世界各国包括资本主义发达国家的一切反映现代化社会化生产规律的先进经营方式、管理方式。右可以葬送社会主义，“左”也可以葬送社会主义。中国要警惕右，但主要是防止“左”。(3)发展才是硬道理。抓住时机，发展自己，关键是发展经济，要力争经济发展隔几年上一个台阶。要讲效益、讲质量、搞外向型经济。经济发展得快一点，必须依靠科技和教育。(4)中国的事情能不能办好，从一定意义上说，关键在人。中国要出问题还是出在共产党内部。对这个问题要清醒，要注意培养人，要按照干部“四化”的标准，选拔德才兼备的人才进班子。要坚持两手抓，一手抓改革开放，一手抓打击各种犯罪活动。在整个改革开放过程中，都要反腐败。(5)我们搞社会主义才几十年，还处在初级阶段。巩固和发展社会主义制度，还需要一个很长的历史阶段，需要我们几代人、十几代人，甚至几十代人坚持不懈地努力奋斗，决不能掉以轻心。世界上赞成马克思主义的人最终会多起来，社会主义经过某些挫折将会向着更加健康的方向发展。我们要在建设有中国特色社会主义道路上继续前进。

意义：邓小平南方谈话，是把改革开放和现代化建设推进到新阶段的又一个解放思想的宣言书。它在国际国内政治风波严峻考验的重大历史关头，科学总结了十一届三中全会以来的基本实践和经验，明确回答了长期困扰和束缚人们思想的许多重大认识问题，极大地鼓舞了全党和全国人民，对现代化建设和改革开放产生了重大而深远的影响。

(三)试述构建社会主义和谐社会战略思想的提出及其意义

2002 年 11 月中共十六大提出全面建设小康社会的目标，其中包括“社会更加和谐”。2004 年 9 月中共十四届六中全会提出构建社会主义和谐社会的战略任务。2005 年 2 月胡锦涛在中央党校省部级主要领导干部专题研讨班上，对构建社会主义和谐社会的重大战略思想作了全面论述，深刻充满了社会主义和谐社会的主要特征是民主法治、公平正义、诚信友爱、充满活力、安定有序、人与自然和谐相处。2006 年 10 月，中共十六届六中全会审议通过了《中共中央关于构建社会主义和谐社会若干重大问题的决定》，指出:社会和谐是中国特色社会主义的本质属性，是国家富强、民族振兴、人民幸福的重要保证。构建社会主义和谐社会是一个不断化解社会矛盾的持续过程。要更加积极主动地正视矛盾、化解矛盾，不断促进社会和谐。我们要构建的社会主义和谐社会，是在中国特色社会主义道路上，中国共产党领导全国人民共同建设、共同享有的和谐社会。《决定》首次将“和谐”列入现代化建设的奋斗目标。《决定》提出了到 2010 年我国构建社会主义和谐社会的目标和主要任务。

构建社会主义和谐社会战略思想的提出，使中国特色社会主义事业的总体布局由社会主义经济建设、政治建设、文化建设三位一体发展为社会主义经济建设、政治建设、文化建设、社会建设四位一体，反映出中国共产党对中国特色社会主义发展战略的理解和把握更加全面、深刻、协调、均衡，丰富和发展了马克思主义关于社会主义社会建设的理论。

(四)试述改革开放和现代化建设的历史进程和基本经验。

(1)历史进程。改革开放伟大事业，是以邓小平为核心的党的第二代中央领导集体带领全党全国各族人民开创的。面对十年“文化大革命”造成的危难局面，党的第二代中央领导集体坚持解放思想、实事求是，以巨大的政治勇气和理论勇气，科学评价毛泽东和毛泽东思想，彻底否定“以阶级斗争为纲”的错误理论和实践，做出把党和国家工作中心转移到经济建设上来、实行改革开放的历史性决策，确立社会主义初级阶段基本路线，吹响走自己的路、建设中国特色社会主义的时代号角，创立邓小平理论，指引全党全国各族人民在改革开放的伟大征程上阔步前进。

改革开放伟大事业，是以江泽民为核心的党的第三代中央领导集体带领全党全国各族人民继承、发展并成功推向21世纪的。从十三届四中全会到十六大，受命于重大历史关头的党的第三代中央领导集体，高举邓小平理论伟大旗帜，坚持改革开放、与时俱进，在国内外政治风波、经济风险等严峻考验面前，依靠党和人民，捍卫中国特色社会主义，创建社会主义市场经济新体制，开创全面开放新局面，推进党的建设新的伟大工程，创立“三个代表”重要思想，继续引领改革开放的航船沿着正确方向破浪前进。

党的十六大以来，我们以邓小平理论和“三个代表”重要思想为指导，顺应国内外形势发展变化，抓住重要战略机遇期，发扬求真务实、开拓进取精神，坚持理论创新和实践创新，着力推动科学发展、促进社会和谐，完善社会主义市场经济体制，在全面建设小康社会实践中坚定不移地把改革开放伟大事业继续推向前进。

(2)基本经验。在改革开放的历史进程中，我们党把坚持马克思主义基本原理同推进马克思主义中国化结合起来，把坚持四项基本原则同坚持改革开放结合起来，把尊重人民首创精神同加强和改善党的领导结合起来，把坚持社会主义基本制度同发展市场经济结合起来，把推动经济基础变革同推动上层建筑改革结合起来，把发展社会生产力同提高全民族文明素质结合起来，把提高效率同促进社会公平结合起来，把坚持独立自主同参与经济全球化结合起来，把促进改革发展同保持社会稳定结合起来，把推进中国特色社会主义伟大事业同推进党的建设新的伟大工程结合起来，取得了我们这样一个十几亿人口的发展中大国摆脱贫困、加快实现现代化、巩固和发展社会主义的宝贵经验。

(五)中共十一届三中全会以来中国特色社会主义事业取得了哪些主要成就？取得这些成绩和进步的根本原因是什么？

(1)主要成就。国民经济保持持续快速健康发展，现代化建设事业稳步推进，综合国力和国际竞争力显著提高，人民生活总体上达到小康水平；社会主义市场经济体制初步建立并不断完善，各项改革事业取得重大进展；全方位对外开放取得新突破，形成全方位、多层次、宽领域的对外开放格局；社会主义民主政治建设取得重要进展；社会主义精神文明建设成效显著；民族政策和宗教政策得到全面贯彻；国防和军队建设取得历史性成就；祖国统一大业取得重大进展；积极开展全方位外交；全面推进党的建设新的伟大工程。

(2)根本原因。改革开放以来我们取得一切成绩和进步的根本原因，归结起来就是：开辟了中国特色社会主义道路，形成了中国特色社会主义理论体系。高举中国特色社会主义伟大旗帜，最根本的就是要坚持这条道路和这个理论体系。

四、强化训练与参考答案

(一)单项选择题

1. 1978 年粉碎“四人帮”后，党和国家的工作出现在徘徊中前进的局面的根本原因是(　　)

A. 揭批“四人帮”运动还在开展

B. 清查“四人帮”的帮派体系工作开始着手

C. 国家的正常秩序需要恢复

D. 当时主持中央工作的主要领导人坚持“两个凡是”的错误方针

2. 1978 年开始的关于真理标准问题大讨论，强调的是(　　)

A. 实践是检验真理的唯一标准　　B. 拨乱反正

C. 改革开放　　D. “两个凡是”

3. 实际上成为中共十一届三中全会的主题报告是(　　)

A.《光明日报》特约评论员文章《实践是检验真理的唯一标准》

B. 华国锋在中共十一大上的讲话

C. 邓小平关于要完整准确地理解毛泽东思想科学体系的讲话

D. 邓小平在中央工作会议闭幕会上作的《解放思想，实事求是，团结一致向前看》的讲话

4. 实现新中国成立以来党的历史上具有深远意义伟大转折的会议是(　　)

A. 中共十届三中全会　　B. 中共十一届三中全会

C. 中共十一届六中全会　　D. 中共十二大

5. 邓小平提出“走自己的路，建设有中国特色的社会主义”是在(　　)

A. 中共十一大上　　B. 中共十一届三中全会上

C. 中共十一届六中全会上　　D. 中共十二大上

6. 首次突破把计划经济同商品经济对立起来的观点，指出我国社会主义经济是在公有制基础上的有计划的商品经济的文献是(　　)

A. 1981 年《关于建国以来党的若干历史问题的决议》

B. 1982 年《中华人民共和国宪法》

C. 1984 年《关于经济体制改革的决定》

D. 1985 年《关于科学技术体制改革的决定》

7. 1992 年 10 月中共十四大的主要内容是(　　)

A. 把邓小平写入党章

B. 明确提出我国经济体制改革的目标是建立社会主义市场经济体制

C. 决定设立中央顾问委员会

D. 通过了《关于建立社会主义市场经济体制若干问题的决定》

8. 把邓小平理论同马克思列宁主义、毛泽东思想一道确立为中国共产党指导思想并写入《中国共产党章程》是在(　　)

A. 中共十三大　　B. 中共十四大

C. 中共十五大　　D. 中共十六大

9. 1997 年中共十五大提出党领导人民治理国家的基本理念是(　　)

A. 依法治国　　B. 以德治国

C. 发展市场经济　　D. 建设精神文明

10. 2001 年 12 月 11 日,中国正式加入(　　)

A. 联合国　　B. 世界贸易组织

C. 世界卫生组织　　D. 世界银行

11. 中共十六届四中全会通过了(　　)

A.《关于完善社会主义市场经济体制若干问题的决定》

B.《关于加强党的执政能力建设的决定》

C.《关于推进社会主义新农村建设的若干意见》

D.《关于构建社会主义和谐社会若干重大问题的决定》

12. 把科学发展观同马克思列宁主义、毛泽东思想一道确立为中国共产党指导思想并写入《中国共产党章程》的会议(　　)

A. 中共十四大　　B. 中共十五大

C. 中共十七大　　D. 中共十八大

13. 提出全面建成小康社会目标的党的会议是(　　)

A. 中共十四大　　B. 中共十五大

C. 中共十七大　　D. 中共十八大

(二)多项选择

1. 1978 年开始的关于真理标准问题大讨论的意义,在于它(　　)

A. 是继延安整风之后又一场马克思主义思想解放运动

B. 成为拨乱反正的思想先导

C. 成为改革开放的思想先导

D. 为重新确立实事求是的思想路线,实现历史性的转折做了思想理论准备

2. 中共十一届三中全会后我国改革开放的起步主要表现在(　　)

A. 拨乱反正的推进　　B. 国民经济的调整

C. 农场改革的突破性进展　　D. 对外政策的调整

3. 1978 年后我国家庭联产承包责任制的主要形式是(　　)

A. 包产到组　　B. 包产到户

C. 包干到户　　D. 统分结合

4. 为吸引和利用外资,学习国外先进技术和管理经验,中央于 1980 年 5 月决定设立经济特区,它们是(　　)

A. 深圳　　B. 珠海　　C. 汕头　　D. 厦门

5. 1979 年 3 月,邓小平在理论务虚会上提出了我国实现现代化必须坚持的基本原则,它们是(　　)

A. 坚持社会主义道路　　B. 坚持人民民主专政

C. 坚持共产党的领导　　D. 坚持马列主义、毛泽东思想

6. 1987 年中共十三大(　　)

A. 做出了《关于社会主义精神文明建设指导方针的决议》

B. 比较系统地阐述了关于社会主义初级阶段的理论

C. 完整地概括了“一个中心、两个基本点”的基本路线

D. 制定了下一步经济体制改革和政治体制改革的基本任务和奋斗目标

7. 中国共产党在社会主义初级阶段的基本路线的主要内容是(　　)

A. 以经济建设为中心　　B. 坚持四项基本原则

C. 坚持改革开放　　D. 坚持自力更生艰苦奋斗

8. 1996 年中共十四届六中全会做出的《关于加强社会主义精神文明建设若干重要问题的决议》强调(　　)

A. 以科学的理论武装人　　B. 以正确的舆论引导人

C. 以高尚的精神塑造人　　D. 以优秀的作品鼓舞人

9. 2000 年江泽民提出的“三个代表”是中国共产党要始终做到(　　)

A. 代表中国先进生产力的发展要求　　B. 代表中国先进文化的前进方向

C. 代表中国最广大人民的根本利益　　D. 代表中国革命的胜利

10. 胡锦涛在全国科学技术大会上提出了走中国特色自主创新道路,建设创新型国家的指导方针,即(　　)

A. 自主创新　　B. 重点跨越

C. 支撑发展　　D. 引领未来

11. 中共十六大以来,党中央以科学发展观作为我国经济社会发展的重要指导方针,提出了一系列重大战略思想,其中包括(　　)

A. 构建社会主义和谐社会　　B. 建设社会主义新农村

C. 大力建设创新国家　　D. 社会主义荣辱观

12. 建设社会主义新农村的要求除了生产发展，还有(　　)

A. 生活宽裕　　B. 乡风文明

C. 村容整洁　　D. 管理民主

13. 我国外交工作的基本部署是(　　)

A. 大国是关键　　B. 周边是首要

(三)辨析题

1. 1978 年关于真理标准问题的大讨论是一场马克思主义思想解放运动。

2. 毛泽东的功绩是第一位的，错误是第二位的。

3. 科学发展和社会和谐是内在统一的。

4. 改革开放是中国共产党在新的时代条件下带领人民进行的新的伟大革命。

(四)综合问答题

1. 简述 1978 年开始的关于真理标准问题大讨论的意义。

2. 简述毛泽东的历史地位。

3. 试述中共十三大阐述的社会主义初级阶段理论和基本路线。

4. 试述邓小平提出的“三步走”战略。

5. 试述我国改革开放以来前的一切成绩和进步的根本原因。

6. 试述中国特色社会主义道路的主要内容。

7. 试述中国共产党成立以来所做的三件大事及其影响。

(五)材料分析题

1. 材料 1：社会主义对于我们来说，有许多地方还是未被认识的必然王国。我们要完成这个伟大的任务，面临着许多新的问题，需要我们去认识，去研究，躺在马列主义毛泽东思想的现成条文上，甚至拿现成的公式去限制、宰割、裁剪无限丰富的飞速发展的革命实践，这种态度是错误的。我们要有共产党人的责任心和胆略，勇于研究生动的实际生活，研究现实的确切事实，研究新的实践中提出的新问题。只有这样，才是对待马克思主义的正确态度，才能够逐步地由必然王国向自由王国前进，顺利地进行新的伟大的长征。——摘自《光明日报》1978 年 5 月 11 日特约评论员文章《实践是检验真理的唯一标准》

材料 2：一九七八年开的是十一届三中全会，过几天我们要开十二届三中全会，这将是一次很有特色的全会。前一次三中全会重点在农村改革这一次三中全会则要转到城市改革，包括工业、商业和其他行业的改革，可以说是全面的改革。无论是农村改革还是城市改革，其基本内容和基本经验都是开放，对内把经济搞活，对外更加开放。虽然城市改革比农村复杂，但是有了农村改革的成功经验，我们对城市改革很有信心。农村改革三年见效，城市改革时间要长一些，三年五载也会见效。十二届三中全会的决议公布后，人们就会看到我们全面改革的雄心壮志。我们把改革当作一种革命，当然不是"文化大革命"那样的革命。——摘自邓小平 1984 年 10 月 10 日会见联邦德国总理科尔时的谈话，《邓小平文选》第 3 卷，人民出版社 1993 年版，第 81-82 页。

材料 3：当谈到办经济特区的问题时，小平同志说，对办特区，从一开始就有不同意见，担心是不是搞资本主义。深圳的建设成就，明确回答了那些有这样那样担心的人。特区姓"社"不姓"资"。从深圳的情况看，公有制是主体，外商投资只占 1/4，就是外资部分，我们还可以从税收、劳务等方面得到益处嘛！多搞点"三资"企业，不要怕。只要我们头脑清醒，就不怕。我们有优势，有国营大中型企业，有乡镇企业，更重要的是政权在我们手里。有的人认为，多一分外资，就多一分资本主义，"三资"企业多了，就是资本主义的东西多了，就是发展了资本主义。这些人连基本常识都没有。——摘自《深圳特区报》1992 年 3 月 26 日《东方风来满眼春——邓小平同志在深圳纪实》

请根据以上材料思考以下问题：

(1)对待马克思主义的正确态度是什么？

(2)为什么说改革是一场革命？

(3)判断改革得失成败的标准是什么？

2. 材料 1：我们的政治路线，是把四个现代化建设作为重点，坚持发展生产力，始终扭住这个根本环节不放松，除非打起世界战争。即使打世界战争，打完了还搞建设。——《邓小平文选》第 3 卷，人民出版社 1993 年版，第 64 页。

材料 2：坚持党的基本路线不动摇，必须把改革开放同四项基本原则统一起来。有中国特色的社会主义所以具有蓬勃的生命力，就在于它是实行改革开放的社会主义。我们的改革开放之所以能够健康发展，就在于它是有利于巩固和发展社会主义的改革开放。坚持四项基本原则，坚持改革开放，都是为了更好地解放和发展生产力。—— 江泽民：《加快改革开放和现代化建设步伐，夺取有中国特色社会主义事业的更大胜利》(1992 年 10 月 12 日)。

材料 3：新时期最鲜明的特点是改革开放。从农村到城市、从经济领域到其他各个领域,全面改革的进程势不可当地展开了;从沿海到沿江沿边,从东部到中西部,对外开放的大门毅然决然地打开了。这场历史上从未有过的大改革大开放,极大地调动了亿万人民的积极性,使我国成功实现了从高度集中的计划经济体制到充满活力的社会主义市场经济体制、从封闭半封闭到全方位开放的伟大历史转折。今天,一个面向现代化、面向世界、面向未来的社会主义中国巍然屹立在世界东方。——胡锦涛:《高举中国特色社会主义伟大旗帜 为夺取全面建设小康社会新胜利而奋斗》(2007 年 10 月 15 日)。

请根据以上材料思考以下问题:

(1)中国共产党在社会主义初级阶段的基本路线是什么?

(2)中共十一届三中全会后,中国为什么能够取得举世瞩目的成就?

(3)怎样才能使中国特色社会主义道路越走越宽广?

参考答案

(一)单项选择题

1. D 2. A 3. D 4. A 5. D 6. C 7. B

8. C 9. A 10. B 11. D 12. D 13. D

(二)多项选择题

1. ABCD 2. ABCD 3. BC 4. ABCD 5. ABCD

6. BCD 7. ABCD 8. ABCD 9. ABC 10. ABCD

11. ABCD 12. ABCD 13. ABCD

(三)辨析题

1. 1978 年关于真理标准问题的大讨论是一场马克思主义思想解放运动。

参考答案:这个论断是正确的。在粉碎“四人帮”以后,广大干部和群众强烈要求纠正“文化大革命”的错误理论、方针和政策,彻底扭转十年内乱造成的严重局势。但当时主持中央工作的华国锋坚持“两个凡是”的错误方针,使彻底纠正“文化大革命”错误的要求和愿望遇到严重阻碍,党和国家的工作出现了在徘徊中前进的局面。1978 年 5 月《光明日报》发表《实践是检验真理的唯一标准》一文,引起关于真理标准问题的大讨论。邓小平等党和国家领导人支持和领导了这个讨论,强调实事求是是毛泽东思想的出发点和根本点,批评“两个凡是”在对待毛泽东和毛泽东思想上的错误,旗帜鲜明地提出“两个凡是”不符合马克思主义,号召打破精神枷锁,使思想来个大解放。

这场讨论，是继延安整风之后又一场思想解放运动，成为拨乱反正和改革开放的思想先导，为党重新确立实事求是的思想路线，纠正长期以来的“左”倾错误，实现历史性的转折做了思想理论准备。

2. 毛泽东的功绩是第一位的，错误是第二位的。

参考答案：这个论断是正确的。毛泽东是伟大的马克思主义者，是伟大的无产阶级革命家、战略家和理论家。他虽然在“文化大革命”中犯了严重错误，但是就他的一生来看，他对中国革命的功绩远远大于他的过失，他的功绩是第一位的，错误是第二位的。他为中国共产党和中国人民解放军的创立和发展，为中国各族人民解放事业的顺利，为中华人民共和国的缔造和中国社会主义事业的发展，建立了永远不可磨灭的功勋。

3. 科学发展和社会和谐是内在统一的。

参考答案：这个论断是正确的。科学发展和社会和谐是内在统一的。没有科学发展就没有社会和谐，没有社会和谐也就难以实现科学发展。构建社会主义和谐社会是构成中国特色社会主义事业全过程的长期历史任务，是在发展的基础上正确处理各种社会矛盾的历史过程和社会结果。要通过发展增加社会物质财富、不断改善人民生活，又要通过发展保障社会公平正义、不断促进社会和谐。

4. 改革开放是中国共产党在新的时代条件下带领人民进行的新的伟大革命。

参考答案：这个论断是正确的。改革开放是党在新的时代条件下带领人民进行的新的伟大革命，目的就是要解放和发展社会生产力，实现国家现代化，让中国人民富裕起来，振兴伟大的中华民族；就是要推动我国社会主义制度自我完善和发展，赋予社会主义新的生机活力，建设和发展中国特色社会主义；就是要在引领当代中国发展进步中加强和改进党的建设，保持和发展党的先进性，确保党始终走在时代前列。新时期最鲜明的特点是改革开放。新时期最显著的成就是快速发展。新时期最突出的标志是与时俱进。事实雄辩地证明，改革开放是决定当代中国命运的关键抉择，是发展中国特色社会主义、实现中华民族伟大复兴的必由之路；只有社会主义才能救中国，只有改革开放才能发展中国、发展社会主义、发展马克思主义。

（四）综合问答题

1. 简述 1978 年开始的关于真理标准问题大讨论的意义。

参考答案：1978 年开始的关于真理标准问题的大讨论，强调实践是检验真理的唯一标准。这场讨论，是继延安整风之后又一场马克思主义思想解放运动，成为拨乱反正和改革开放的思想先导，为中国共产党重新确立实事求是的思想路线，纠正长期以来的"左"倾错误，实现历史性的转折，做了思想理论准备。

2. 简述毛泽东的历史地位。

参考答案：毛泽东是伟大的马克思主义者，是伟大的无产阶级革命家、战略家和理论家。他虽然在"文化大革命"中犯了严重错误，但是就他的一生来看，他对中国革命的功绩远远大于他的过失，他的功绩是第一位的，错误是第二位的。他为中国共产党和中国人民解放军的创立和发展，为中国各族人民解放事业的顺利，为中华人民共和国的缔造和中国社会主义事业的发展，建立了永远不可磨灭的功勋。

3. 简述中共十三大阐述的社会主义初级阶段理论和基本路线。

参考答案：中共十三大指出，我国目前正处于社会主义初级阶段。这个论断包括两层含义。第一，我国社会已经是社会主义社会。我们必须坚持而不能离开社会主义。第二，我国的社会主义社会还处在初级阶段。我们必须从这个实际出发，而不能超越这个阶段。党在社会主义初级阶段的基本路线是：领导和团结全国各族人民，以经济建设为中心，坚持四项基本原则，坚持改革开放，自力更生，艰苦创业，为把我国建设成为富强、民主、文明的社会主义现代化国家而奋斗。

4. 简述邓小平提出的"三步走"战略。

参考答案：邓小平提出的"三步走"战略是：第一步，实现国民生产总值比1980年翻一番，解决人民的温饱问题，这个任务已经基本完成；第二步，到20世纪末，使国民生产总值再增长1倍，人民生活达到小康水平；第三步，到21世纪中叶，使国民生产总值达到中等发达国家水平，人民生活比较富裕，基本实现现代化。

5. 简述我国改革开放以来前的一切成绩和进步的根本原因。

参考答案：改革开放以来我们取得一切成绩和进步的根本原因，归结起来就是：开辟了中国特色社会主义道路，形成了中国特色社会主义理论体系。高举中国特色社会主义伟大旗帜，最根本的就是要坚持这条道路和这个理论体系。

6. 简述中国特色社会主义道路的主要内容。

参考答案：中国特色社会主义道路，就是在中国共产党领导下，立足基本国情，以经济建设为中心，坚持四项基本原则，坚持改革开放，解放和发展社会生产力，巩固和完善社会主义制度，建设社会主义市场经济、社会主义民主政治、社会主义先进文化、社会主义和谐社会，建设富强民主文明和谐的社会主义现代化国家。

7. 简述中国共产党成立以来所做的三件大事及其影响。

参考答案：第一件大事是，在新民主主义革命时期，经过28年艰苦卓绝的斗争，推翻帝国主义、封建主义、官僚资本主义的反动统治，实现了民族独立和人民解放，建立了人民当家做主的新中国。第二件大事是，在社会主义革命和建设时期，确立了社会主义基本制度，在一穷二白的基础上建立了独立的比较完整的工业体系和国民经济体系，使古老的中国以崭新的姿态屹立在世界的东方。第三件大事是，在改革开放和社会主义现代化建设时期，开创了中国特色社会主义道路，坚持以经济建设为中心，坚持四项基本原则，坚持改革开放，初步建立起社会主义市场经济体制，大幅度提高了我国的综合国力和人民生活水平，为全面建设小康社会、基本实现社会主义现代化建设开辟了广阔的前景。这三件大事，从根本上改变了中国人民的前途命运，决定了中国历史的发展方向，在世界上产生了深刻而广泛的影响。

(五)材料题

1. 阅读下列材料回答问题

(1)对待马克思主义的正确态度是实事求是。

(2)改革是解放生产力，是一场新的革命。它不是原有经济体制的细枝末节的修补，而是对原有经济体制的根本性变革。它的实质和目标，是要从根本上改变束缚我国生产力发展的经济体制，建立充满生机和活力的社会主义新经济体制，同时相应地改革政治体制和其他方面的体制，以实现中国的社会主义现代化。无论从解放生产力、扫除发展生产力的障碍这个意义上来说，还是从政策的重新选择、体制的重新构建这个转变的深刻性和广泛性，以及由此引起的社会生活和人们观念变化的深刻性和广泛性来说，改革都是一场新的革命，是中国走向繁荣富强的必由之路，是推动社会主义社会发展的直接动力。改革是一场革命，但它不是一个阶级推翻另一个阶级意义上的革命，不是也不允许否定和抛弃我们已经建立起来的社会主义基本制度，它是社会主义制度的自我完善和发展。

(3)判断改革得失成败的标准是"三个有利于"的标准，即要以是否有利于发展社会主义社会的生产力、是否有利于增强社会主义国家的综合国力、是否有利于提高人民生活水平作为判断改革得失成败的标准。

2. 阅读下列材料回答问题

参考答案：(1)中国共产党在社会主义初级阶段的基本路线是：领导和团结全国各族人民，以经济建设为中心，坚持四项基本原则，坚持改革开放，自力更生，艰苦创业，为把我国建设成为富强民主文明和谐的社会主义现代化国家而奋斗。

(2)改革开放以来我们取得一切成绩和进步的根本原因，归结起来就是：开辟了中国特色社会主义道路，形成了中国特色社会主义理论体系。高举中国特色社会主义伟大旗帜，最根本的就是要坚持这条道路和这个理论体系。

(3)要倍加珍惜、长期坚持和不断发展中国共产党历经艰辛开创的中国特色社会主义道路和中国特色社会主义理论体系，坚持解放思想、实事求是、与时俱进，勇于变革、勇于创新，永不僵化、永不停滞，不为任何风险所惧，不被任何干扰所惑，使中国特色社会主义道路越走越宽广，让当代中国马克思主义放射出更加灿烂的真理光芒。

五、延伸阅读

邓小平 1992 年南方谈话(摘要)

1.坚持党的“一个中心、两个基本点”的基本路线，一百年不动摇。邓小平说，革命是解放生产力，改革也是解放生产力。推翻帝国主义、封建主义、官僚资本主义的反动统治，使中国人民的生产力获得解放，这是革命，所以革命是解放生产力。社会主义基本制度确立以后，还要从根本上改变束缚生产力发展的经济体制，建立起充满生机和活力的社会主义经济体制，促进生产力的发展，这是改革，所以改革也是解放生产力。要坚持党的十一届三中全会以来的路线、方针、政策，关键是坚持“一个中心、两个基本点”。不坚持社会主义，不改革开放，不发展经济，不改善人民生活，只能是死路一条。基本路线要管一百年，动摇不得。

2.加快改革开放的步伐，大胆地试，大胆地闯。邓小平说，改革开放胆子要大一些，敢于试验。姓“资”还是姓“社”的问题，判断的标准，应该主要看是否有利于发展社会主义社会的生产力，是否有利于增强社会主义国家的综合国力，是否有利于提高人民的生活水平。关于计划与市场的关系问题，邓小平说，计划多一点还是市场多一点，不是社会主义与资本主义的本质区别。计划经济不等于社会主义，资本主义也有计划；市场经济不等于资本主义，社会主义也有市场。计划和市场都是经济手段。社会主义的本质，是解放生产力，发展生产力，消灭剥削，消除两极分化，最终达到共同富裕。社会主义要赢得与资本主义相比较的优势，就必须大胆吸收和借鉴人类社会创造的一切文明成果，吸收和借鉴当今世界各国包括资本主义发达国家的一切反映现代社会化生产规律的先进经营方式、管理方法。走社会主义道路，就是要逐步实现共同富裕。在谈到"左"和右的问题时，邓小平强调，要警惕右，但主要是防止"左"。

3. 抓住有利时机，集中精力把经济建设搞上去。邓小平说，抓住时机，发展自己，关键是发展经济。我国的经济发展，总要力争隔几年上一个台阶。他强调，发展才是硬道理。现在，我们国内条件具备，国际环境有利，再加上发挥社会主义制度能够集中力量办大事的优势，在今后的现代化建设过程中，出现若干个发展速度比较快、效益比较好的阶段，是必要的，也是能够办到的。邓小平强调了科技和教育在经济发展中的作用。他指出，经济发展得快一点，必须依靠科技和教育。科学技术是第一生产力。

4. 坚持两手抓，两手都要硬。邓小平说，要坚持两手抓，一手抓改革开放，一手抓打击各种犯罪活动。这两只手都要硬。他强调，在整个改革开放过程中都要反对腐败。对干部和共产党员来说，廉政建设要作为大事来抓。还是要靠法制，搞法律靠得住些。邓小平还强调，在整个改革开放过程中，必须始终注意坚持四项基本原则，反对资产阶级自由化。

5. 正确的政治路线要靠正确的组织路线来保证。邓小平指出，中国要出问题，还是出在共产党内部。对这个问题要清醒，要注意培养人，要按照"革命化、年轻化、知识化、专业化"的标准，选拔德才兼备的人进班子。邓小平强调，要进一步找年轻人进班子。要注意下一代接班人的培养。邓小平还谈到形式主义的问题。他指出，形式主义也是官僚主义。要腾出时间来多办实事，多做少说。在谈到学习马列主义理论问题时，邓小平强调，学马列要精，要管用。实事求是是马克思主义的精髓。要提倡这个，不要提倡本本。

6. 坚定社会主义信念。邓小平说，一些国家出现严重曲折，社会主义好像被削弱了，但人民经受锻炼，从中吸取教训，将促使社会主义向着更加健康的方向发展。我们要在建设有中国特色的社会主义道路上继续前进。

7. 提出判断改革开放和各项工作成败得失的"三个有利于"标准。

六、参考文献

[1] 邓小平. 邓小平文选(第二、三卷). 北京：人民出版社，1983、1993.
[2] 江泽民. 论三个代表. 北京：人民出版社，2001.
[3] 江泽民. 全面建设小康社会，开创中国特色社会主义事业新局面. 北京：人民出版社，2002.

[4] 中共中央文献研究室.三中全会以来重要文献汇编(1-10).北京:人民出版社,1982.
[5] 沈冲,向熙扬.十年来:理论·政策·实践资料选编(第二、三册).北京:求实出版社,1988.
[6] 江泽民.高举邓小平理论伟大旗帜把建设有中国特色社会主义事业全面推向二十一世纪.北京:人民出版社,1997.
[7] 石仲泉."三个代表"思想:领航二十一世纪的中国.广州:广东教育出版社,2002.
[8] 中宣部."三个代表"与党的先进性.北京:中共中央党校出版,2003.
[9] 中国人民大学"三个代表"重要思想研究中心,中国人民大学马克思主义学院."三个代表"重要思想专题讲座.北京:中国人民大学出版社,2003.
[10] 邓小平.关于建设有中国特色社会主义的论述专题选编.北京:中央文献出版社,1995.

附件

中国近现代史纲要课外实践教学方案

实践项目一　经典歌曲歌唱比赛

【实践题目】

歌唱汇演。

【实践类型】

歌唱(合唱)。

【实践目标】

通过歌唱汇演,了解革命及社会主义建设年代共产党与全国人民一起,推翻三座大山,建设社会主义新中国,了解历史,用歌声陶冶情操。

【实践方案】

分组:每个教学头一组,组成合唱队伍,设组长一名。

时间:每组 5 分钟(含 1 分钟简短朗诵)。

地点:大学生活动中心。

流程:

(1)自选歌曲曲目,组长组织排练。

(2)教师统一组织,安排演出。

(3)先用简短语言介绍歌曲产生的背景、表现精神,大约 1 分钟时间。

(4)歌唱开始。

(5)致谢,离场。

【实践成果】

表演:歌唱表演即为实践成果。

【完成评价】

教师根据歌曲介绍、表演效果,为各个小组打分,组得分即是组内每个成员的得分。

得 分 表

项目	标准	满分	得分
歌曲介绍	紧扣主题，简洁明朗	25	
团队配合	节奏感好，合作默契	25	
表演效果	情感充沛，表现力好	50	
总分	以上各项相加	100	

实践项目二　经典文献研读交流会

【实践题目】

经典文献研读交流会。

围绕中国近现代史各个时区的政治领袖论著、诗歌、讲话以及中国共产党的经典文献、史学家研究论著等研读交流。

【实践类型】

课外交流展示、汇报。

【实践目标】

通过研读经典，培养读书习惯，提升理论素养，增强分析问题、解决问题的能力。

【实践方案】

1. 班级交流

步骤一，确定研读文献。提出要求，学生利用3～4周准备。

步骤二，确定交流同学，8～10人(组)。

步骤三，在教室，利用一节课时间，依次交流展示，每人(组)5分钟。

步骤四，老师总结。

2.统一大会交流

就是在班级交流的基础上，在学校学术厅或教室，由开课班级选出的优秀同学或小组，进行集中展示，邀请有关领导参加。

【实践评价】

将研究报告等交给老师，并进行评价、存档，记入学生平时成绩，对于表现优秀的学生给予适当加分。

得 分 表

项目	标准	满分	得分
写作水平	主题明确、条理清晰、表述清楚	30	
创新程度	思路开阔,有自己的见解	50	
格式资料等	格式规范,资料翔实、准确	20	
总分	以上各项相加	100	

实践项目三　观看影片《东京审判》

【实践题目】

观看影片《东京审判》。

【实践类型】

观影。

【实践目标】

通过观看影片《东京审判》,了解东京审判的历史背景,更加深刻地认识正确的历史观对一个民族的重要性。

【实践方案】

时间:90 分钟(约 2 课时,可酌情删减)

地点:多媒体教室

流程:

第一,观影准备。明确观影目标,作简短的背景资料介绍,为观影预热。

第二,思考问题。观影的时候思考以下问题。

(1)东京审判的背景如何?

(2)东京审判的阻力在哪里?

(3)你对东京审判的理解是什么?

第三,观影。

第四,观影总结。回答下列问题:

(1)用一句话总结观影的感受:

(2)你对哪个人物印象深刻,为什么?

(3)你对哪个镜头印象深刻,为什么?

【实践效果】

观后感:写一篇观后感,从历史角度、影片效果、个人感受着手,800～1 500 字。

【实践评价】

根据观后感质量,评定学生实践分数。

得 分 表

项目	标准	满分	得分
内容(历史角度)	尊重历史、读懂历史、延伸扩展	20	
内容(影片效果)	感知真切、评价中肯、有理有据	30	
个人感受	感情真挚、刻画入微、水乳交融	30	
写作水平	文笔流畅、感情饱满、修辞得体	20	
总分	以上各项相加	100	

实践项目四　参观爱国主义教育基地

【实践题目】

参观爱国主义教育基地。

【实践类型】

参观。

【实践目标】

通过参观爱国主义教育基地,培养学生的爱国主义情感,了解历史,珍惜现在,面对未来。

【实践方案】

分组:一个教学头,设组长一名,负责活动管理。

时间:周末。

地点:就近爱国主义教育基地。

准备:携带笔记本、拍照设备。

流程:

步骤一,规划参观路线,明确参观目标。

步骤二,开始参观,并做记录。

步骤三,先依次发言,再自由讨论。依次发言每人不超过3分钟。

步骤四,合影留念。

步骤五,看参观讨论会,交流心得。

步骤六,撰写一份观后感,提交

【实践成果】

观后感:写一篇观后感,真实记录和评价所见所感,800~1 500字。可附着图片或视频等影音资料。

【实践评价】

根据观后感质量,评定学生实践分数,雷同者,分数作废。

得 分 表

项目	标准	满分	得分
写作内容	紧扣要点、内容充实	40	
写作质量	文笔流畅、感情饱满	30	
辅助资料	图片、视频、音乐、资料	30	
总分	以上各项相加		

【参考资料】爱国主义教育基地。

乌鲁木齐市

八路军办事处

毛泽民故居

烈士陵园

新疆农业大学校史馆

石河子市

新疆生产建设兵团军垦博物馆